本书受北京第二外国语学院出版基金资助出版

Financial Frictions and Macroeconomic Fluctuations:
Theory and Policy

金融摩擦与宏观经济波动

理论与政策分析

喻崇武 ／著

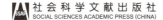
社会科学文献出版社
SOCIAL SCIENCES ACADEMIC PRESS (CHINA)

前　言

　　中国经济发展进入新常态，经济从高速增长转向高质量增长。增长的约束条件发生了明显变化，宏观经济失衡转向以结构性失衡为主。经济增长的动力转向更多依靠以提升要素配置效率为主导的全要素生产率增长。与此同时，我国经济已处于高杠杆运行区间，面临较大的金融风险。国务院发展研究中心"经济转型期的风险防范与应对"课题组研究发现，对我国经济影响力最大，而且发生概率最高的也是金融风险。党的十九大报告提出，要通过深化金融体制改革，增强金融服务实体经济能力防范化解系统性金融风险。2018 年中央经济工作会议提出，要坚持以供给侧结构性改革为主线不动摇，加快对要素市场的进一步开放与优化配置，通过有效防范金融风险来提高金融服务实体经济的能力。

　　金融资源配置是影响宏观经济稳定运行与经济增长的重要因素，广义的金融摩擦是指经济中影响金融资源实现有效配置的诸多因素的总和。本书旨在分析金融摩擦对短期宏观经济波动的影响，以专题的形式，着重研究了金融摩擦的微观形成机制，讨论了金融摩擦的各种形式对投资决策与效率、家庭消费与储蓄、杠杆形成与周期、金融网络与稳定以及短期内国际资本流动的影响。具体来说，本书完成了以下工作。

　　第一，基于经典文献，从非对称信息、异质性和金融中介三个角度，以信贷配给为例，简要梳理了金融摩擦的微观形成机制。在非对称信息条件下，金融摩擦本身是一个均衡现象。对于给定的项目投资需

1

求，企业家净资产变化对投资总额具有双重影响。当企业生产经营效率信息不对称时，利率变化对信贷市场的冲击取决于企业家保留效用对企业盈利能力变化的敏感性。而银行的引入能否改善信贷市场，主要取决于银行的监督成本和信贷总供给。在不考虑银行监督作用的前提下，相对于贴息贷款，直接补贴更加有利于扩大投资总额。

第二，建立一个三个时期的投资模型，从预防性储蓄的角度，讨论了信贷市场完备性、流动性约束和效率之间的关系。在不完备的市场条件下，财富分配是影响均衡市场效率的重要因素。在给定禀赋的前提下，信贷市场的完备性不仅是影响资源配置效率的关键因素，而且会影响资本品价格的波动和金融市场的稳定性。

第三，建立一个包含两类交易者的模型，在异质信念的背景下，讨论杠杆的内生形成和周期过程。研究发现，在风险中性的假定下，两种类型交易者对于未来风险资产收益率的预期差异是杠杆形成的关键。信念差异程度越大，杠杆率和资产价格越高。

第四，以银行系统为例，结合博弈论和社会网络理论，基于规避破产风险是银行建立网络的基本动机，构建了一个经济学模型，研究了网络的形成过程，并比较不同网络结构抵御流动性冲击的能力。银行网络的最优规模和结构主要取决于银行的个数、损失函数以及建立网络的成本。不同程度的流动性冲击对应的最优网络结构不同，当冲击较小时，最优网络结构为完备网络结构；当冲击足够大时，最优网络结构为不完全连接结构。

第五，在一个相对统一的框架中，回顾了持久性收入、随机游走与预防性储蓄等经典消费理论，分析了流动性约束和信贷限制对家庭消费与储蓄行为以及宏观经济实际利率、产出和就业等的影响，结合经验研究讨论了居民消费行为中流动性约束的存在性、对消费行为的影响以及当前流动性约束内涵的丰富性。

第六，建立一个代际交替模型，分析了金融发展水平与短期国际资本流动之间的关系，并基于 2000 年 1 月—2017 年 6 月中国的宏观月度数据，采用 MS-VAR 模型，进行了实证研究。金融摩擦对短期国际资本流动没有显著影响，而是通过影响汇率和国内资产价格来影响短期国际资本流动。

基于以上研究与结论，本书对新时代中国金融发展提出了一些政策建议：第一，要进一步完善信贷市场，缓解信贷配给对投资的限制，提高投资效率；第二，加强宏观调控预期管理，通过合理引导市场预期和加强市场监管，控制合意的杠杆率；第三，完善金融网络，防范系统风险，稳定国际资本流动。

本书是基于笔者的博士学位论文和近期研究完成的。非常感谢王国成、李群、李文军、黄涛、葛新权、齐建国、张涛、樊明太、胡志坚、柳卸林和李凡等老师提出的宝贵建议以及在研究过程中给我的支持和鼓励。感谢麻省理工学院的开放课程项目以及亚历山大·沃利茨基（Alexander Wolitzky）、格兰·埃里森（Glenn Ellison）、米海·马尼亚（Mihai Manea）、木哈买提·伊尔迪兹（Muhamet Yildiz）、安娜·米库舍瓦（Anna Mikusheva）、维克托·切尔诺茹科夫（Victor Chernozhukov）、德隆·阿西莫格鲁（Daron Acemoglu）、伊凡·维宁（Iván Werning）教授的无私分享，他们帮助我系统地接受了现代宏观经济学基础训练。特别感谢阿尔普·西姆塞克（Alp Simsek）、基多·洛伦佐尼（Guido Lorenzoni）、加布里埃尔·乔德瑞－赖希（Gabriel Chodorow-Reich）以及里卡尔多·J. 卡巴莱罗（Ricardo J. Caballero）等，他们的研究以及分享的资料对完成本书帮助巨大。感谢韩胜军、王蕊、沈嘉、王成慧、胡倩以及张萍等在组织研究会议和出版事宜等业务工作上的支持。最后，感谢北京第二外国语学院校级出版资助的支持。

喻崇武

2019 年 8 月

目　录

第一章

绪 论

第一节　为什么研究金融摩擦

　　纵观经济学发展历程，几乎每一次宏观经济学理论的巨大进步，都源自一场影响深远的经济危机。20世纪20年代末到30年代初的大萧条催生了凯恩斯主义，而70年代的石油危机又动摇了凯恩斯主义，推动了实际经济周期理论的发展。由于实际经济周期理论关于市场、信息和货币的假定过于严格，难以解释短期内价格黏性和货币非中性等问题，后来与凯恩斯主义理论相融合，形成了广义的经济周期理论。但是，不论是凯恩斯主义、实际经济周期理论还是新的广义经济周期理论，对金融因素在实际经济中的影响，重视程度都还不够。

　　近年来，金融因素对整体经济的影响越来越显著，甚至有人估计，金融冲击对发达经济体总体波动的影响已经超过实际冲击带来的影响。20世纪90年代的亚洲金融危机、2007—2009年的次贷危机以及近几年全球经济失衡，使学者们逐步意识到金融市场摩擦、金融冲击、金融中介、信贷政策、国际资本流动等，正成为影响实体经济周期波动的主要因素。关于金融冲击造成的经济周期波动和金融危机形成机制等方面的研究，逐渐成为宏观经济理论中的热点问题，并形成一个新的理论——金融经济周期理论。

金融经济周期理论的基本思想是：在传统模型的基础之上，从微观角度引入异质性个体，在传导机制上引入外生或者内生的信贷约束，通过信息、行为、制度摩擦以及信贷传导机制，将金融冲击传导并放大到实体部门，最终影响实际经济的波动，甚至引发金融危机。从微观角度来说，银行代理、个体行为以及非对称信息等，都可能是资产价格波动和金融摩擦的根源；外生的借贷约束、内生的借贷约束、金融加速器以及银行融资过程，都可能传导和放大经济冲击，对实体经济产生重要影响。从宏观角度来说，国际资本流动、能够有效储藏价值的资产短缺、利率政策等，也有可能成为金融冲击的源头。

目前研究金融冲击及其对宏观经济变量的影响主要有两种思路：第一种，将金融部门和金融摩擦引入 DSGE 模型，形成考虑金融市场的全局模型；第二种，集中于金融市场、个体行为理论和国际资本流动等专项问题的局部模型。前者有利于定量分析金融摩擦对宏观经济变量的影响以及应对政策带来的量化效应，而后者更加便于分析金融摩擦的形成、传导和放大的内在机制，以及国际市场环境下各类金融摩擦对宏观变量的实际效果。前者更加贴合实际，后者则具有更加坚实的微观理论基础。尽管 DSGE 模型还是主要的分析工具，但它正遭到广泛的批评，因为其不利于拓展到异质性个体和非对称信息领域，而且其内在逻辑关系相对混乱。

将金融部门和金融摩擦引入 DSGE 模型，在国内已经有了相关研究。而直接从微观理论出发，基于个体行为建立局部模型，分析金融摩擦及其对宏观经济波动的影响，在国内还很少见。因此，本书的研究将主要采用第二种思路，从微观经济主体出发，建立局部模型，通过完善微观基础，进一步厘清金融摩擦形成、传导、放大、产生实际影响的内在逻辑，并结合国内的数据，分析金融摩擦对宏观经济变量的影响及其作用机制。

本书的写作具有重要的实践意义。首先，随着中国经济的发展，金融市场将面临越来越多的问题。目前我国常常出现效率较高的民营企业融资困难，而效率较低的国有企业融资成本相对较低的问题。这个问题已经困扰中国经济很多年，但迄今为止仍然没有有效的解决办法。从学术研究的角度看，这种非对称的融资现象，是阻碍了中国经济的发展，还是通过减少私人企业逆向选择和道德风险问题，保障了金融业的稳定性，进而在一定程度上促进了经济增长？这个问题同样没有得到令人信服的回答。其次，中国特定的资本流动制度，导致国内市场流动性过剩，而金融市场的不完善又导致有效价值储存的资产短缺，这就使得中国经济出现多种泡沫，甚至奇怪的泡沫，比如股市、房地产、大蒜、猪肉、大宗商品等。这些泡沫有的昙花一现，有的却旷日持久。特别是自2000年以来股市已经几度出现疯涨与猛跌，而房地产市场却一直保持增长。这与经济学大多数经典理论是相违背的，它们认为股市泡沫的破裂和房地产市场的崩溃紧密相关。即便20世纪90年代同样面临高速经济增长和城镇化进程的新兴经济体也是如此。但是这些问题应该如何理解尚无定论。最后，当面临股市泡沫与崩盘以及房地产市场长期持续疯涨的困局时，政府相关部门和监管机构常常难以做出有效的应对措施。这意味着我国金融市场的规范和管理仍然有待进一步完善和提高。本书的研究能够为我国金融市场的治理提供有价值的政策建议。

第二节 研究范畴、框架与方法

一 本书研究范畴与框架

金融学是一门研究人们在不确定环境下如何进行资源跨期配置的学科。现代金融学分为宏观金融学和微观金融学两部分。宏观金融学在很大程度上被看作宏观经济学的一个重要部分，或者可以理解为现代宏观经济学的货币演绎。而微观金融学则不能做类似的理解，因为它在发展过程中逐渐建立起以无套利思想、资本资产定价模型以及金融市场一般均衡为特征的学科。

金融摩擦本身属于微观金融学范畴。它是指阻碍资本自由流动的诸多不完美因素，主要包含政策性扭曲、信息不对称以及不完全契约等。由于经济个体之间的关联与传导，金融摩擦又会产生诸多宏观效应，比如影响资本市场价格、货币政策预期与实际变量传导、实际利率变化与国际资本流动、金融网络结构的形成与稳定、家庭消费与储蓄行为、企业投资与劳动雇佣决策以及实体经济产出与增长等。从这个角度来说，金融摩擦又会产生诸多属于宏观金融和宏观经济学范畴的研究问题。因此，本书的研究范畴属于微观金融学、宏观金融学与宏观经济学的交叉领域。

不论是微观金融学、宏观金融学还是宏观经济学，都统属于广义的经济学范畴。经济学是一门研究人的经济行为、经济现象以及人们如何进行权衡取舍的学问。因此，本书的研究服从于规范经济分析的基础和一般分析框架。

一个规范经济分析框架基本上由五个部分组成：界定经济环境、设定行为假设、给出制度安排、选择均衡结果以及评估比较。经济学分析框架中的第一个组成部分，就是对所要研究的问题或对象所处的经济环境做出界定。界定经济环境可分为客观描述经济环境和精炼刻画经济环境特征两个层次。第二个组成部分是对经济参与者的行为方式做出假设。这些假设至关重要，直接决定经济理论的说服力和实用价值。第三个组成部分是给出制度安排，即经济参与者的游戏规则。面对不同的情况、环境以及不同的行为方式时，个体往往需要采取不同的应对策略或游戏规则，当情况、环境发生变化时，所采用的对策或游戏规则一般也会相应地发生变化。第四个组成部分是通过权衡取舍，尽可能找出最佳结果。给定经济环境和制度安排以及其他必须遵守的约束条件之后，人们将会根据自己的行为方式做出激励反应，在众多的可行性结果中通过权衡取舍来选定结果。第五个组成部分是对经济制度安排和权衡取舍后得出的均衡结果进行价值判断和做出评估比较。对于已经选择的均衡结果，人们常常与某种给定的标准（如资源有效配置、资源平等配置、激励相容、信息有效等）进行比较，据此对经济制度安排做出价值的优劣判断。在评估一个经济机制或制度安排时，经济学通常采用的一个最重要的评估标准是看这个制度安排是否提高了效率，即是否用最少的成本达到最佳效果。

二　本书的主要研究方法

本书的研究是基于大量相关文献，通过严谨的模型推导和合理的统计分析进行的。全书从理论、模型、实证、政策等多个角度对金融摩擦和宏观经济波动进行了深入探讨，得到了比较丰富的结论。从研究方法来看，本书具有如下特点。

（1）理论分析与模型推导相结合。这本书并未建立一个统一的一般均衡模型，而是在每一章或相关专题中，结合研究的基本理论和目的，构建合适的模型，进行严格的数理推导，尽量以命题和推论的形式呈现理论结果。

（2）理论分析与政策讨论相结合。本书的研究主旨是金融摩擦与宏观经济波动。在对相关理论问题进行探讨的同时，本书也重视对相关政策的分析。我们不仅在每一章的小结部分，结合各章的主要内容和研究结论，分别给出相关的政策建议，而且在全书第九章专门提出了新时代金融摩擦治理和金融发展的政策建议。

（3）理论分析与实证相结合。书中不仅做了大量的理论分析和模型推导，还利用我国实际经济数据进行了相对严谨的实证研究，定量分析了金融摩擦对短期内国际资本流动的影响及其作用机制。

（4）微观分析与宏观分析相结合。微观分析与宏观分析相结合是本书研究的另一个主要特点。本书试图从经济个体出发，建立微观模型，分析不同摩擦的性质，然后讨论其在宏观背景下的结果和影响，弥补了以往多数宏观经济研究文献微观基础薄弱的不足。

第三节　主要研究内容

全书主要包括四大部分。第一部分包含绪论、金融摩擦及其宏观经济效应研究进展。第二部分讲述金融摩擦的微观基础，其主要目的在于完善宏观模型的微观基础以及为后文的相关研究做铺垫。第三部分是本书的核心内容，以专题形式，分别从不完备的信贷市场、金融杠杆、金融网络、居民消费与国际资本流动五个方面，逐步从微观过渡到宏观，讨论金融摩擦与宏观经济波动之间的关系。第四部分是对新时期我国金融发展提出的政策建议以及本书的主要结论和不足。每个章节的基本内容概述如下。

第一章是绪论。本章主要介绍研究金融摩擦的时代背景、理论与实践意义，研究金融摩擦的主要方法以及本书的主要内容。

第二章是金融摩擦及其宏观经济效应研究进展。本章主要介绍金融摩擦的内涵，金融摩擦从微观传导到宏观的过程，包括持久性、放大机制、不稳定性、信贷配给、均衡保证金以及流动性需求等方面的文献，并简要梳理了金融摩擦宏观研究和国内相关研究的现状。

第三章是金融摩擦的微观基础。基于 Tirole（2006）的研究，本章建立了一个简单的分析框架，分别从非对称信息、异质性和金融中介三个方面，从道德风险、逆向选择、经营效率、企业净资产分布以及金融中介的监督和认证作用等角度，以信贷配给为例，分析了金融摩擦形成的微观机制，并比较贴息贷款和直接补贴两种财政政策在缓解信贷配给方面的效果。

第四章是不完备市场、流动性约束与投资效率。本章建立了一个简单的经济学模型，从预防性储蓄角度，讨论不完备信贷市场、流动性约束与投资效率三者之间的关系。该模型试图采用一个最简单的方式，解释在不完备信贷市场条件下，流动性约束如何影响资产价格和资源配置效率，并结合两篇经典文献进行了对比分析研究。

第五章是异质信念、内生杠杆与周期。本章建立了一个包含两类交易者的经济学模型，从异质信念的角度，分析杠杆的内生形成以及周期演变过程，研究信念变化和信念差异对均衡杠杆率和资产价格的影响，并结合 Fostel-Geanakoplos 广义不违约定理分析事实违约和预期违约对均衡杠杆率和资产价格的影响。

第六章是网络结构、金融传染与系统风险。基于博弈论和社会网络方法，以银行系统为例，本章规范分析了金融网络的形成过程和金融传染机制，讨论不同的金融缓冲器在银行网络系统中的作用，比较了完备网络结构、环形网络结构和不完全网络结构在应对系统风险和金融传染中的能力与不足。

第七章是流动性约束、居民消费与宏观均衡。本章在一个相对统一的框架下梳理了经典消费理论，着重研究流动性约束和信贷限制对家庭消费和储蓄行为的影响，讨论其对宏观经济均衡的短期和长期效应，并结合实证经验研究论述了流动性约束在消费行为中的存在性、重要性以及一些新的变化。

第八章是金融摩擦与国际资本流动。本章构建了一个包含金融摩擦、汇率以及国际短期资本流动的世代交替（OLG）模型，论证金融摩擦、利差以及汇率与短期国际资本流动之间的关系，并结合我国2000 年 1 月至2017 年 6 月的宏观数据，考察了金融摩擦对短期国际资本流动的影响及其作用机制。

第九章是新时代金融发展的政策建议。在提升投资效率、预期引导、杠杆治理以及预防系统风险和稳定国际资本流动等方面提出了政策建议。

第十章总结了本书主要的研究结论，并提出了研究存在的不足和下一步研究的主要方向。

　　值得注意的是，除第二章为研究综述以外，第四、第五、第六、第八章也有相应的研究综述。但这两类综述并不冲突或者重复，而是各有侧重、互为补充。第二章旨在综合介绍金融摩擦的内涵、从微观到宏观的传递过程、广义宏观经济模型如何考虑金融摩擦微观基础以及国内以金融摩擦和金融资源配置为主题的研究进展。其余几章则集中于各章研究专题，更加专业和细化，是对第二章内容的补充与拓展。

2007—2009 年的世界金融危机让主流经济学家们再次注意到金融摩擦仍然是商业周期的一个关键驱动。各类不平衡在看似平稳的经济环境中缓慢累积、日渐发酵，直到达到临界点，引发大规模且持久性的财富破坏，最终蔓延到整个真实的经济世界。尽管在正常时期，金融部门常常能够有效调解金融摩擦，但是一旦危机来临，金融部门的脆弱性常常又成为不稳定性的帮凶。逆向反馈循环和流动性螺旋产生的非线性效应，有可能导致信用恐慌在整个经济环境中弥漫。很多经历过大萧条的经济学家，比如 Fisher（1933）、Keynes（1936）、Gurley 和 Shaw（1955）、Minsky（1957）以及 Kindleberger（1978）等，都十分关注金融摩擦和金融系统的内在不稳定性。Patinkin（1956）和 Tobin（1969）也论述过金融稳定对货币经济学的含义。

本章主要梳理金融摩擦及其对宏观经济影响的相关研究文献。具体结构编排如下：第一节，简要梳理金融摩擦的基本内涵；第二节，简要梳理金融摩擦从微观到宏观的传递过程；第三节，主要梳理宏观分析甚至一般均衡模型中包含金融摩擦的文献；第四节，梳理国内的研究现状。

第一节　金融摩擦的基本内涵

如果经济中没有摩擦，资源将具有充分的流动性，在主体最大化效用动机的驱使下，会自动流向生产率最高的地方。类似地，如果经济中不存在金融摩擦，则在投资者最大化利益动机的驱使下，资本会自动流向报酬率最高的地方或者对其估值最高的交易者手里。因此，金融摩擦的相对广义的定义是指信息、行为或者制度等限制资本从金融家流向投资者或者消费者的过程。在微观层面，即便经济主体间生产率和偏好等方面的异质性可能影响资本的流动方向，但对整个经济而言，起决定性作用的仍然是资本的总供给和总需求。也就是说，当不考虑摩擦时，实体经济和金融就可以完全分离，金融在经济中仅仅扮演着润滑剂的角色，而不会对实体经济产生任何实质性影响。这是 2008 年金融危机前宏观经济学流派的主流观点。但由于这些理论研究没有引入金融摩擦，不能有效解释金融危机和债务危机等现象，所以在学术界遭到诸多批评。

现实往往比宏观经济学多数简约的理论假定残酷得多，社会中充满着各类金融摩擦。非对称信息和不完备市场等因素对资本流动性和财富分布至关重要，同时也严重制约资本的再分配过程（Hart，2001；Stein，2003）。在一个自给自足、同质主体的经济环境下，金融工具存在与否不会影响资本配置效率和社会福利水平。当经济主体生产效率、产品类型和投入要素结构出现差异时，金融工具则有利于提高生产要素的配置效率，从而提高整个经济的福利水平。但是由于制度摩擦、非对称信息、行为摩擦以及不完全契约等因素，放贷者发放贷款时需要借款者提供担保或者抵押品，这使得资产价格波动从影响抵押品价值和放贷者资本供给能力等方面来限制贷款。

微观层面的金融摩擦能够通过一系列的放大机制对宏观经济变量产生显著影响。根据 Brunnermerier（2009）的研究，危机时期金融摩擦会产生四种放大机制：第一，借款者资产负债表效应产生的流动性螺旋效应；第二，对未来预期的下降，导致银行惜贷和进行预防性储蓄，进而引发银行资本紧缩和流动性供给下降；第三，对金融系统稳定性的担忧引发储户挤兑，导致银行资本下降；第四，金融机构间网络效应，使交易双方由于担心对手方的信用风险而不愿取消抵消性头寸，进而导致整个金融网络的崩溃。放大机制使得一个较小的负面冲击在传导过程中的影响逐步被放大，最终导致巨大的宏观经济波动。相对于信用风险，流动性风险更为重要。一个微小的外生性流动冲击，有时甚至能够导致整个金融系统的崩溃（Kiyotaki 和 Moore，2002）。当抵押品价值下降和保证金要求上升时，担保融资市场会遭到抵押品挤兑。在无担保的融资市场，如果借款者不能对其债务进行滚动融资，其就会面临传统交易对手的挤兑（Caballero 和 Simsek，2013）。

在正常时期，金融机构能够有效降低金融摩擦的负面效应，但在危机时期，金融机构本身的脆弱性会加剧经济波动的程度。在金融摩擦方面，金融机构主要具有以下四个方面的功能。第一，通过发行流动性较高的短期债券等办法，进行流动性转换，将资金用于投资流动性较低的长期项目。但 Diamond 和 Dybvig（1983）发现，银行的这一功能容易面临流动性错配风险，即当遭受总体流动性冲击时，银行容易出现挤兑现象。第二，相对私人投资者，具有良好的监督和审计能力，能够有效缓解非对称信息引起的摩擦。Holmström 和 Tirole（1997）证明了银行的监督成本降低能够有效提高信贷市场规模和投资总量。第三，金融机构能够创造对信息不敏感的可承兑债券。Dang 等（2010）发现这种对信息不敏感的债券，由于其相对独立的支付功能，能够有效解决信息不对称引起的诸多问题。第四，银行存款契约的顺序服务原则（Sequential-Service Constraint）可以避免重新谈判，从而保证未来稳定的现金流，但是也会增加银行遭到挤兑的风险，迫使其事前持有更多的可抵押资产（Gorton 和 Pennacchi，1990）。

第二节 从微观到宏观的传递过程

一 持久性、放大与不稳定性

首先，关于持久性。早期的关于金融摩擦的宏观经济研究文献主要集中于讨论金融冲击的持久性。代表性文献包括 Townsend（1979）、Bernanke 和 Gertler（1989）、Carlstrom 和 Fuerst（1997）等。这些研究有一个相同的关键假设，即状态确认是需要成本的。每个企业家都遭到一个同质的冲击，但是投资者却要付出一定成本才能知晓这一情况。他们的研究通过一个固定偿付的标准债务合约来解决这一非对称信息属性。在这样的背景下，负向的冲击对企业净资产的影响具有持久性。

其次，关于放大机制。Bernanke 等（1999）在 Carlstrom 和 Fuerst（1997）的基础上，将模型拓展到一个完整的动态的新凯恩斯框架中。需要特别注意的是，他们的研究引入一个非线性的资本调节成本，导致托宾 Q 值发生变化。凸投资调节成本假定的引入，使得净资产的负向冲击降低总资本，总资本需求降低导致资本价格的降低。而资本价格的降低进一步导致企业净资产降低，因此，形成一个不断循环的放大机制。Kiyotaki 和 Moore（1997）则放弃前几篇文献采用的状态确认成本框架，引入不完全契约借款的抵押约束，并采用具有生产率差异的两部门生产模型。这就使得耐用资产能够扮演双重角色，即借贷合约中的抵押品和生产部门的生产要素。由于假定总的资本品供给是缺乏弹性的，因此，在他们的模型中放大机制来源于高生产率部门向低生产率部门的资产抛售及其反馈效应。

最后，关于完全动态模型下的不稳定性。Brunnermeier 和 Sannikov（2014）建立了一个连续时间的模型来研究完整的均衡动态。他们发现，由于高度的非线性效应，金融系统存在很多内在的不稳定性。与线性对数化的模型不同的是，这些非线性效应是不对称的，主要发生在经济下行的时期。在模型中，由于存在内生的系统风险，资产价格分布呈现肥尾的形式。内生的系统风险和过度的波动性导致不同资产的价格在危机时期更加高度相关。He 和 Krishnamurthy（2011，2014）建立了两个相似的模型，假定只有专家（投资者）拥有资本，而家户只能通过购买外部股权的形式获得对资本的所有权。在这个背景下，由于存在道德风险，专家面临股权约束。当专家遭受严重的负向冲击时，他们不能向家户抛售风险资产，资产的风险报酬和专家的杠杆迅速上升。

二　信贷配给与均衡保证金

首先，简要梳理关于信贷配给的文献。信贷配给在金融摩擦的研究中是一个相对传统，但又非常重要的话题。自 20 世纪 60 年代起，就有很多文献开始讨论信贷配给现象。以 Jaffee 和 Modigliani（1969）、Jaffee 和 Russell（1976）等为代表的研究，逐步开始探索信贷配给的形成原因，为信贷配给理论奠定了微观基础。80 年代以后，信贷配给的讨论又在经济学领域掀起一股热潮。Stiglitz 和 Weiss（1981）、Bester（1985）、Mankiw（1986）以及 De Meza 和 Webb（1987）等的研究又从非对称信息等角度，进一步研究了信贷配给的产生机制和影响。

关于均衡保证金和内生的不完备性。Geanakoplos（1997，2003）在 Arrow-Debreu 一般均衡框架下，研究了内生抵押问题。在 Geanakoplos 的抵押均衡中，所有未来状态或者未来时期的支付都是不完全可信的，除非有耐用资产对其进行足额担保。他构造的抵押限制类似于 Kiyotaki 和 Moore（1997）的模型，但与之不同的是，Geanakoplos 将抵押借款和均衡保证金内生化，而不是外生给定。Simsek（2013）建立了异质信念的模型，强调在交易者对抵押资产的定价有区别时，由于乐观交易者必须从悲观交易者处借款，扭曲将会得到改善。但是异质信念模型的问题在于，进行福利分析时难以选择作为社会计划者的类型。不过 Brunnermeier 等（2011）提出了一个适用于异质信念模型的福利分析准则。

三 流动性需求和金融中介

流动性资产的需求主要来自两个方面，即平滑消费和预防未来不确定性的自我保险。泡沫和法定货币具有价值储存的功能。在简单 OLG 模型中，代表性个体通过自身最优化过程或借贷配置资源以实现消费平滑的结果是完全相同的，但是在不完备的市场上，消费者常常通过预防性储蓄来满足流动性需求。

关于预防性储蓄。文献中进行预防性储蓄的通常有三类主体：消费者、银行和企业家。对于一个银行，当其预见到未来的暂时性冲击或者有利的投资机会时，就会进行预防性储蓄，这种对未来冲击的预期可能会减少当期的贷款量。Gale 和 Yorulmazer（2013）构建了一个包含预防特征的贮藏模型，认为投机性动机是流动性储蓄的重要原因。银行持有现金是为了在未来其他银行低价抛售资产时获得有利的购买时机。对于一个企业家来说，如果他预期到未来良好的投资机会而又有可能遭到流动性约束，那么，企业将会进行预防性储蓄或者在储蓄和贷款之间进行权衡。He 和 Kondor（2016）构建了一个模型讨论企业的流动性管理和预防性储蓄，发现企业的预防性储蓄行为加剧了经济的波动性。

关于金融中介提供的流动性。Diamond 和 Dybvig（1983）在 Bryant（1980）的基础上建立了一个模型，讨论了金融中介通过债券的期限转换过程实现提供流动性保险的功能。Allen 和 Gale（1998，2004）在 Diamond 和 Dybvig（1983）模型的基础上进一步拓展模型，在投资回报率和总偏好冲击上引入不确定性，着重研究了金融中介期限转换只能在宏观经济中的影响，发现由于可以在早期取款者和晚期取款者之间进行流动性分散，让银行持有有效率的资产组合，因此，从福利经济学角度银行挤兑是最优的。依据是否发行完备的状态依存债券对银行进行划分，发现不能发行完备的状态依存债券的银行更容易遭到挤兑。

关于金融中介监督者及其他功能的文献。关于金融中介代表储户利益，扮演对债务人监督者的角色的研究，最早可追溯到 Schumpeter（1939）的研究。但规范的理论研究，则是由 Diamond（1984）在讨论如何最小化借款者和放贷者之间监督信息成本时提出的。在他的模型中，假定企业家具有投资项目但是不具有资本，而投资者具有资本但是不具有项目。投资者和企业家之间存在信息不对称，企业家了解项目收益的随机性，而投资者只能通过权衡其监督还是委托银行监督来最小化监督成本和最大化投资收益。在 Diamond（1984）的模型中，银行监督职能是为了缓解逆向选择问题。而在 Holmström 和 Tirole（1997）的研究中，需要银行监督职能的原因是企业家的道德风险问题。他们的这篇文献将在本书第三章中进行详细讨论。金融中介在金融摩擦中的另一个重要性质是其脆弱性。Diamond 和 Rajan（2000，2001，2005）对金融中介的脆弱性做了一系列研究，发现其在危机时期比在正常时期更加脆弱。

第三节　金融摩擦的宏观研究

与新古典学派相比，公司金融最大的区别在于金融部门能够影响企业和个人的投资决策，进而影响实体经济。一个基本的事实是，企业现金流的外生冲击会影响企业的资本支出。Lamont（1997）发现的一个典型例子就是，当石油价格下降时，石油生产和销售企业的其他分支单位会削减投资。Bakke 和 Whited（2010）发现，在强制增加养老金固定收益计划中，具有大量现金流出的企业会削减研发投入和营运资本以及职工数量。

第一，关于资产泡沫形成与治理。Tirole（1985）在 OLG 模型中提出了经济存在泡沫的前提条件。Allen 和 Gale（2000）总结了资产泡沫和金融危机的三个阶段：第一阶段为金融自由化和扩张性政策导致泡沫产生；第二阶段泡沫破裂和资产价格崩溃；第三阶段为大范围的杠杆投资者违约，银行或者汇率危机，最后经济进入较长时间的衰退。Abreu 和 Brunnermeier（2003）则提出了一种由信息不对称导致的延迟反应所引发的资产泡沫和金融危机的机制。Lorenzoni（2008）发现在具有金融摩擦的情况下，由于金融契约中的有限承诺和资产价格由局部市场决定的机制，总量冲击将导致事前的过度借贷和事后的严重不稳定性。Kocherlakota（2009），Carvalho、Martin 和 Ventura（2012），Markus 和 Schnabet（2015），Martin 和 Ventura（2016）则讨论了应对和治理资产泡沫的政策。Martin 和 Ventura（2016）建立了一个信贷被不充分抵押限制的模型，在该模型中投资者情绪和市场预期会滋生信用泡沫。在这个模型中存在一个最优的泡沫水平，能够兼顾挤入和挤出效应，以提升经济增长速度。在该情形下对信贷征税有利于控制风险和保证经济持续增长。

第二，在抵押与融资方面。Bernanke 和 Gertler（1989）、Kiyotaki 和 Moore（1997）以及 Greenwald 和 Stiglitz（1993）等早期的研究，阐述了资产抵押、企业净值、放大机制与信贷周期之间的关系。Mian 和 Sufi（2014）研究家庭资产负债表恶化和房地产资产净值下降时，2007—2009 年美国失业率上升的重要原因及其作用机制。Tang 和 Zhu（2016）提出和检验了一个利用大宗商品抵押融资的模型。在存在资本控制和金融摩擦的条件下，金融投资者进口大宗商品并将其抵押以获取进口国家的高额预期回报率。研究发现，大宗商品的抵押需求将提升大宗商品的全球价格，并提升进口国家未来的风险贴水，但是会减小出口国家未来的风险贴水。通过参考中国和发达国家的 8 类大宗商品数据作为验证，发现结论符合理论模型的预期，大宗商品的抵押需求能够解释 2007 年以来 11.9% ~ 15.0% 的价格上涨。

第三，关于安全资产短缺与国际资本流动。Caballero 和 Krish-namurthy（2006）建立了国际资本流动和资产泡沫的模型。在该模型中，新兴经济体由于缺乏可储存价值的安全资产，其资本流入发达国家，导致国内经济动态无效（Dynamic Inefficiency），但是当新兴经济体内出现非生产性资产泡沫时，资本将减少流出。Caballero、Farhi 和

Gourinchas（2008）建立了一个双边国家的模型，讨论了资本流动机制，解释了当时世界出现的美国实际利率下降、资产泡沫增大，其他国家持有美国安全资产增多的典型事实的原因。Caballero 和 Krishnamurthy（2009）则进一步建立了一个简化的模型来模拟这些经济事实。Alberto 和 Filippo（2013）在标准增长模型中引入逆向选择，发现将导致均衡利率变高，且在均衡利率和资本边际生产率之间存在差异，这将进一步引发过度的国际资本流动和内生性周期。Ivashina 等（2015）建立了一个模型，分析非美国银行的美元借贷在欧洲主权危机中的作用，发现危机中欧元区美元借贷量下降幅度大于欧元借贷，更加依赖于欧元的企业在欧洲主权债务危机中借贷更加困难，遭受的损失也更大。Caballero（2015）建立了一个简化的全球资本流动和资产价格变化模型，用以解释和描述近 20 年全球经济结构和资本流动的变化。

第四，在将金融部门纳入整个宏观分析框架方面，Jerman 和 Quiadrini（2012）、Christiano 等（2010）、Goodfriend 和 McCallum（2007）、Gertler 和 Kiyotaki（2010）试图直接或者隐性地将银行部门引入 DSGE 框架，并同时考虑货币政策和流动性问题，用以考察金融摩擦、金融冲击对实体经济的影响。Brunnermeier 和 Sannikov（2014）构建了一个包含金融部门的宏观模型，发现由于非线性的放大机制，当资产流动性下降时，经济容易遭受内生的风险。Arezki、Ramey 和 Sheng（2016）建立了一个两部门的开放经济模型，讨论重大石油发现对经常部门和实体宏观经济变量的影响，并进行了实证研究。研究发现，受到石油冲击后，实际利率和经常账户将在前五年内下降，然后迅速上升，投资在石油发现时马上增加，而 GDP 要在五年之后才增加。

第五，在讨论金融摩擦的政策治理方面。Farhi 和 Werning（2017）构建了一个开放经济模型，考察了货币联盟中风险分担的问题。研究发现：第一，当金融市场不完全时，联盟中的国家获取总量风险分担的价值更大；第二，即便金融市场是完善的，私人最优风险分担也是不完全有效的。Markus 和 Isabel（2015）通过回顾资产价格泡沫，发现同时具有放贷繁荣（Lending Boom）和市场参与者高杠杆时，金融危机是最严重的，货币政策和宏观审慎措施常常有助于抑制资产泡沫和削弱金融危机。Korinek 和 Simsek（2016）考察了应对流动性陷阱中宏观审慎政策的作用，发现当受约束的家庭降低杠杆时，实际利率将下降，但是当利率具有零下限时会产生总需求不足和流动性陷阱，此时家庭事前的杠杆和保险决策将受到总需求外部性影响，旨在降低杠杆的宏观审慎政策以提高社会整体福利水平，且在降低过度杠杆时的效果优于利率政策。Farhi 和 Werning（2016）提出了一个管理金融市场的货币政策和宏观审慎干预措施的理论模型。在商品和劳动市场都名义紧缩，具有如零利率下限或固定汇率的货币政策约束的经济中，他们提供了一系列依赖于一些充分统计量的简单货币政策规则。

第四节 国内研究现状

国内研究主要集中在宏观层面。王义中和何帆（2011）梳理了金融危机传导的国内和外部资产负债表渠道，以及相关宏观经济政策与金融监管启示等方面的文献，认为要重新审视公允价值原则和审慎使用宏观扩张政策。陈斌开和李涛（2011）基于中国城镇居民家庭资产的考察，从微观角度研究了容易使家庭遭到金融市场不利冲击影响的客观因素，主要包括户主年龄、受教育程度、健康状况以及家庭人口规模。佟家栋和余子良（2013）基于无环图和 VAR 模型，探讨了由系统新风险与宏观因素波动引起的企业外部融资约束对美国出口波动的影响。彭兴韵、胡志浩和王剑锋（2014）则在不完全信息的背景下，梳理了国外研究信贷市场摩擦、宏观经济均衡和货币政策之间的关系，以及在相关理论进展。方意（2015）将无环图、期望最大化与因素增强型向量自回归模型相结合，分析了货币政策和房地产价格冲击下银行风险承担的问题。龚刚、徐文舸和杨光（2016）分别在正常债务和非正常债务的条件下，探讨了负债和宏观经济变量之间的关系，认为在高负债情形时，政府应当采用惩罚性救助措施应对债务危机。

国内大部分文献采用在 DSGE 模型中引入金融部门和金融摩擦的方法。周炎和陈昆亭（2012）通过引入银行中介的优化行为，构建了一个包含内生信贷供给与需求的金融周期模型，分析了经济波动和货币政策对金融总量、经济总量和货币乘数等的影响。张伟进和方振瑞（2013）基于 1997—2012 年各个季度的数据，构建具有金融冲击和金融摩擦的 DSGE 模型，分析了 2008 年全球金融危机诱发的不利冲击以及 2009 年中国政府扩张性金融冲击对我国总投资和总产出的影响。栗亮和刘元春（2014）通过构建金融加速器的 DSGE 模型，模拟和预测了2008 年前后中国宏观经济波动的来源和变化，并讨论了不同政策的影响。邓创和徐曼（2014）利用时变参数向量自回归模型，研究了中国金融周期波动对宏观经济的时变影响，并分析了该影响的非对称性。王国静和田国强（2014）将金融冲击引入 DSGE 模型，解释了金融冲击对实体宏观变量和金融变量的影响，发现金融冲击是中国经济周期的主要驱动因素，它在解释产出投资、债务和工资变化等方面具有重要作用。陈昆亭、周炎和黄晶（2015）将异质性偏好、利率分类引入 DSGE 模型，考察了各类利差的形成机制和周期性波动影响，发现实际利率的负向冲击对经济增长的影响幅度和时间都很小，存贷款利差冲击则能够影响中长期的经济增长。刘晓星和姚登宝（2016）在考虑金融摩擦和价格黏性的基础上，将流动性冲击、金融脱媒冲击和资产价格冲击引入多部门 DNK-DSGE 模型中，探讨了这三种因素对世界经济变量和金融变量的动态影响和作用机制，并使用贝叶斯方法估计了模型的结构参数。王擎和田娇（2016）基于中国经济金融特点建立了一个包含居民、银行、企业和政府四个部门的 DSGE 模型，在全要素生产率、住房需求、货币供应、基准利率和消费贷款违约等外生冲击下，分析系统性金融风险的传递机制。肖卫国、尹智超和陈宇（2016）基于金融稳定的宏观审慎视角，运用 DSGE 模型实证分析了我国资本开放程度加深背景下，宏观审慎政策与货币政策的协调问题，发现逆周期的宏观审慎政策具有较强的专业性和针对性，但是为了避免逆周期调控与刺激经济增长的货币政策相冲突，该政策应当由独立机构来执行。

第三章
金融摩擦的微观基础

对于任何经济研究，理论的微观基础都是奠基石。研究金融摩擦及其对宏观经济的影响更是如此。从微观角度研究金融摩擦的形成机制，其目的是弥补宏观理论微观基础的不足。缺乏微观基础的金融摩擦理论，在一系列假设的前提下，对于同一个问题往往得出截然不同的结论。这样的理论指导的政策选择往往具有盲目性，导致操作目标和政策效应之间的关系不清。因此，在研究相关专题之前，系统地阐述金融摩擦的微观基础非常重要。

本章主要以信贷配给为例，从微观角度讨论金融摩擦的形成机制。根据以往文献，金融摩擦的微观基础主要包含三类：非对称信息、担保和承诺以及不完全契约与控制。其中非对称信息主要包含两种情况：一是借款者或企业家不可观测的行为或决定，即道德风险；二是借款者或企业家具有私人信息，即逆向选择。后两者常常是前者导致的结果，有时甚至可以分属于第一种情况。因此，这里主要讨论非对称信息，并以此为基础，逐步拓展模型讨论异质性的影响和金融中介扮演的角色。

本章的主要作用在于，从基础角度解读金融摩擦，并为后面的章节打下基础。本章的主要参考文献包括 Holmström 和 Tirole（1997）、Bernanke 和 Gertler（1989）、Innes（1990）、Gorton 和 Pennacchi（1990）以及 Tirole（2006）。本章试图在一个相对统一的框架下，着重论述道德风险和逆向选择的作用机制。接下来本章内容安排如下。第一节，在不考虑异质性的前提下，在最基本的情形中讨论道德风险和逆向选择在信贷配给中扮演的角色。第二节，将模型拓展到考虑企业家净资产、私人收益以及企业生产经营效率等异质性的情况，再次讨论道德风险和逆向选择在信贷配给中的作用。第三节则引入金融中介，考察金融中介的作用。第四节，简单比较近年来为了缓解信贷配给，我国所采用的两种政策。第五节是小结与政策建议。

第一节　非对称信息

如果潜在借款者愿意支付潜在放贷者所提的利率，甚至支付更高的利率，但仍然不能借到他所需数量的资金，则称之为潜在借款者受到信贷配给的限制。Bester（1987）关于信贷配给，最早也是最直接的解释是利率上限规制。但利率上限规制只存在于少数局部市场，而信贷配给却在整个信贷市场广泛存在。因此，利率上限规制必然不是信贷配给的主要原因。近三十年来，以 Jaffee 和 Russell（1976）、Keeton（1979）、Stiglitz 和 Weiss（1981）、Hart（1985）、Homlmstrom 和 Tirole（1997）为代表的经济学家逐渐达成共识，认同信贷配给实际上是由于借款者和放贷者之间信息不对称而造成的一种均衡结果。他们基于道德风险和逆向选择两方面的微观机制来解释信贷配给和信贷市场的私人化倾向。

一　道德风险

在信贷市场，道德风险是指借款者可能采取降低贷款者价值以增加自身收益的行为。在信贷配给中，道德风险有两种常见的形式。第一种是由 Stiglitz 和 Weiss（1981）提出的，即如果借款者和放贷者之间的合约是标准债务合约，且放贷者没有项目的风险信息，则借款者可能会以牺牲项目预期利润为代价选择高风险的项目。第二种是由 Homlmstrom 和 Tirole（1997）提出的，即利率上升降低借款者的收益，可能促使他转向高私人收益的项目。这里主要通过 Homlmstrom 和 Tirole（1997）的模型澄清道德风险的作用机制。

1. 离散的情形

首先在离散情形下讨论道德风险的基本形成机制以及在信贷配给中的作用。假定企业家（借款者）有一个项目需要固定投资 I，但其净资产 $A < I$。若企业家尽责（努力工作），则项目成功的概率为 p_H，其中 p 为成功的可能性；若企业家失责（不努力工作），则项目成功的概率为 p_L，$p_L < p_H$，但企业家会获得数额为 B 的私人收益。如果项目成功，则产生收益 R；如果项目失败，则产生收益为 0。记 $\triangle p = p_H - p_L$。

假定投资者（贷款者）是竞争性的，记市场实际利率外生为 r。如果项目成功，则投资者分得收益为 R_F，企业家分得收益为 R_E。假定企业家受到破产保护，则项目失败时二者收益均为 0。

在此背景下，可以得到资源约束条件（RC）：

$$R_E \geq 0, R_F \geq 0, R_E + R_F \leq R \tag{3.1.1}$$

投资者的参与约束条件（PCF）：

$$p_H R_F \geq (1 + r)(I - A) \tag{3.1.2}$$

企业家的激励相容约束条件（ICE）：

$$p_H R_E \geq p_L R_E + B \tag{3.1.3}$$

道德风险产生信贷配给的作用机制。 结合条件 RC 和条件 ICE 可以得到投资者保证得到但又不会破坏企业家激励相容约束条件的最高期望收益，即可保证收益为 $p_H(R - \dfrac{B}{\triangle p})$。资产拥有量为 A 的企业家在利率为 r 时获得融资的充分必要条件为：

$$A \geq \overline{A} = I - \frac{p_H}{(1 + r)}(R - \frac{B}{\triangle p}) \tag{3.1.4}$$

假定 $\overline{A} > 0$，否则没有任何资产的企业家也能贷到款。这个条件等价于：

$$\frac{p_H R}{(1+r)} - I < \frac{p_H}{(1+r)} \frac{B}{\triangle p} \qquad (3.1.5)$$

即项目投资的净现值小于满足企业家激励相容条件的最低期望收益现值。当资产不足时，企业家必须大量贷款以进行项目投资，但大量贷款要求大部分项目收益用于抵押，使得企业家因分得的收益不能满足激励相容约束而失去尽责的动力。这意味着，在投资者和企业家之间难以达成一个能同时保证投资者收益和激励企业家尽责的贷款协议。于是产生了信贷配给现象，即企业家愿意付出更高的利率，但仍然无法获得贷款。因此，道德风险作用的基本机制在于，需要额外的净资产满足企业家的激励相容条件。只有当企业家拥有足够多的净资产时，才能获得贷款。当 $A < \overline{A}$ 时，即便项目净现值大于 0，也不能获得融资。

另一方面，将式（3.1.4）变形，可以得到企业家获得融资的另一个充分必要条件：

$$R \geqslant \frac{1+r}{p_H}(I - A) + \frac{B}{\triangle p} \qquad (3.1.6)$$

这意味着，当企业家预期项目成功收益达到一定阈值时才会去为项目贷款融资。同样地，对于给定的预期项目成功收益和企业家自有净资产，项目资金需求和企业家私人收益也有一个阈值上限，当项目资金需求或私人收益超过该阈值，企业家难以获得贷款。

因此，结合前面的分析，给定两种不同努力类型的成功概率，产生信贷配给的主要原因在于两个方面：第一，企业家的自有净资产和项目预期收益太低；第二，企业家的私人收益和项目资金需求太高。再结合式（3.1.4），可以发现在给定项目预期收益、企业家私人收益的条件下，利率降低会降低对企业家最低自有资金的门槛限制。通常对于一个政府来说，项目预期收益、企业家的私人收益以及项目资金需求是无法改变的。因此，从微观角度来讲，在这里的模型背景下，政府有效缓解信贷配额就只有两个途径：第一，通过货币政策降低基准利率，通过降低投资者的机会成本来降低投资者对企业家的自有资本持有的要求；第二，对企业进行补贴，增加企业的自有资本。后一种措施对于缺乏资金的初创企业更加有效。本章第四节将专门讨论和比较这两种政策的优劣。

道德风险的度量。 到目前为止，很少有文献专门讨论衡量道德风险的统一标准。但在这里，道德风险可以通过代理成本和似然比率来度量。为了与后文的逆向选择指数对应，我们结合代理成本和似然比率定义一个道德风险指数：

$$Index_{MH} = B \frac{\triangle p}{p_H} \tag{3.1.7}$$

因此，这里道德风险由两方面的因素决定：企业家卸责可以获得的私人收益 B 和可验证收入中包含的企业家努力程度的信息 $\frac{p_L}{p_H}$。企业家能够获得融资的最低净资产要求 $\overline{A}$ 是 B 和 $\frac{p_L}{p_H}$ 的单调递增函数。企业家私人收益越高，其能够获得外部融资的门槛越高。

2. 连续的情形

前面我们讨论的道德风险是离散形式的，即企业家只有两种选择，这里我们基于 Innes（1990）的研究，将道德风险的形式扩展到一般的连续形式。

为了分离出保险的影响，我们假定投资者和企业家都是风险中性的。企业家投资项目收入 R 在区间 $[0, \overline{R}]$ 上服从概率密度函数为 $p(R|e)$ 的随机分布，其中 $e \geq 0$，表示企业家的尽责（或努力）程度。记企业家尽责（努力）的成本函数为 $g(e)$，该函数满足如下性质：

$$g(0) = 0; g'(e) \geq 0, g'(0) = 0, g'(\infty) = \infty; g''(e) > 0 \tag{3.1.8}$$

成本函数是单调递增且严格凸的函数。这意味着，存在一个正的最优尽责（努力）水平。我们假定项目成功的概率 $p(R \mid e)$ 关于努力程度 e 和收益 R 的交叉导数为正，即：

$$\frac{\partial}{\partial R}\left[\frac{\partial p(R \mid e)/\partial e}{p(R \mid e)}\right] > 0 \, (\mathrm{MLRP}) \tag{3.1.9}$$

这被 Innes（1990）称作单调（对数）似然性质［Monotone（log）Likelihood Ratio Property，MLRP］。它的含义为高努力程度会导致项目收入增加，而高的项目收入又意味着高的努力水平。

当项目投资回报为 R 时，记 $w(R)$ 为企业家的报酬，则投资者的报酬为 $s(R) = R - w(R)$。此时，投资者的参与约束条件（PCF）可以表示为：

$$\int [R - w(R)] p(R \mid e) dR \geqslant I - A \tag{3.1.10}$$

企业家的激励相容约束条件（ICE）可以表示为：

$$\int w(R) \frac{\partial p(R \mid e)}{\partial e} dR \geqslant g'(e) \tag{3.1.11}$$

因此，企业家的最优化问题可以描述为，在约束条件（3.1.10）和（3.1.11）下，最大化：

$$\max_{[w(\cdot), e]} \int_0^{\bar{R}} w(R) p(R \mid e) dR - g(e) \tag{3.1.12}$$

分别用 λ^P 和 λ^I 表示约束（PCF）和约束（ICE）的拉格朗日乘子，则企业家最优化问题的拉格朗日函数为：

$$L = \int w(R)\left[1 + \lambda^I \frac{\frac{\partial p(R \mid e)}{\partial e}}{p(R \mid e)} - \lambda^P\right] p(R \mid e) dR$$

$$- g(e) - \lambda^I g'(e) + \lambda^P\left[\int R p(R \mid e) dR - I + A\right] \tag{3.1.13}$$

由于对于任意给定的 R，拉格朗日函数是 $w(R)$ 的线性函数，因此，解必然是角解。首先，假定投资者具有有限责任，即 $w(R) \leqslant R$，因此企业家最优支付为：

$$w(R) = \begin{cases} 0, \text{if } \lambda^I \dfrac{\frac{\partial p(R \mid e)}{\partial e}}{p(R \mid e)} < \lambda^p \\ R, \text{if } \lambda^I \dfrac{\frac{\partial p(R \mid e)}{\partial e}}{p(R \mid e)} > \lambda^p \end{cases} \tag{3.1.14}$$

假定企业家激励相容约束条件的影子价格 $\lambda^I > 0$，则根据单调（对数）似然性质，可以得到 Bang-bang 解。存在一个门槛 R^*：

$$w(R) = \begin{cases} 0, \text{if } R < R^* \\ R, \text{if } R > R^* \end{cases} \tag{3.1.15}$$

这个解对应的契约也常被称作非生即死契约，即当 $R < R^*$ 时，企业家得不到任何回报；当 $R > R^*$ 时，企业家得到投资的全部回报。因此，当企业家预计项目报酬低于 R^* 时，将不借款投资该项目。在这里信贷配额产生的原因为项目收益不足。

这个结果也被称为借贷的最优契约或者标准合约，即存在一个借款额度 $D < R^*$，满足：

$$w(R) = \begin{cases} 0, \text{if } R < D \\ R - D, \text{if } R > D \end{cases} \tag{3.1.16}$$

这个标准债务合约依赖于一些比较强的假设，比如企业家和投资者都是风险中性的，但是它能很好地说明当企业家自由决定项目投资回报时，债务合约能够达到完全激励的效果，即决定借款后，企业边际利润等于企业家的边际收益。

如果放松风险中性的假定，当企业家是风险规避者时，最优合约应当同时满足三个目标，即收支相抵的激励相容约束、促进尽责程度和避险功能。但由于要保证利润稳定，将会使企业家尽责程度下降，使尽责和避险两个目标冲突，因而债务最优的结果不再成立。如果要使这两个目标间不存在冲突，就需要一些新的假设，比如投资者获得报酬前能够观察到企业家的努力程度，然后对借款额度进行谈判。如此，才可以将激励问题和保险问题分开（Hermalin 和 Katz，1991）。

二　逆向选择

在企业家向投资者募集资金时，常常会出现两种类型的信息不对称，即发行者（企业）与投资者之间的信息不对称，投资者与投资者之间的信息不对称。投资者与投资者之间信息不对称，在市场上的一个很重要的结果就是导致金融杠杆的产生，并通过繁荣—崩溃—新的投资者进入—繁荣的过程形成杠杆周期。杠杆和周期是本书第五章要重点讨论的内容，这里主要讨论企业与投资者之间的信息不对称如何导致逆向选择问题的发生。接下来就来看看逆向选择问题。

假定净资产 $A = 0$ 的企业家需要投资一个成本为 I 的项目。如果项目成功，则收益为 R；如果项目失败，则收益为 0。为了避免同时讨论保险问题，这里假定企业家和投资者都是风险中性的，且企业家受到有限责任保护。为了简便，我们将经济中的利率标准化为 0。由于资本市场是竞争性的，因此投资者的期望收益率也为 0。

为了刻画逆向选择，我们假定企业家分为"好"和"坏"两种类型。记好的企业家成功的概率为 p，坏的企业家成功的概率为 q。假定 $p > q$ 且 $pR > I$，即好的企业家是值得投资的。企业家对自己的类型拥有私人信息，而投资者认为一个企业家是好企业家的概率为 a，则认为一个企业家是坏企业家的概率为 $1 - a$。因此，当信息不对称时，投资者关于项目成功的先验概率为：

$$m = ap + (1 - a)q \tag{3.1.17}$$

在信息对称的情形下，好的企业家获得融资且项目成功时的收益为 R_E^G，差的企业家获得融资且项目成功时的收益为 R_E^B。根据投资者参与约束条件：

$$p(R - R_E^G) = I; q(R - R_E^B) = I \tag{3.1.18}$$

以及 $p > q$ 可知，$R_E^B = R - \dfrac{I}{p} < R_E^G = R - \dfrac{I}{q}$。因此，当信息不对称时，差的企业家将会通过将自己伪装成好的企业家来增加收益。

在信息不对称的情形下，投资者只能依据先验概率 m 来预计自身的收益：

$$R_F(a) = m(R - R_E) - I = [(p - q)a + q](R - R_E) - I \tag{3.1.19}$$

显然 $R_F(a)$ 是先验概率 a 的单调递增函数。记 $a = a^*$ 时，$R_F(a^*) = 0$。当 $a < a^*$ 时，投资者预期收益小于 0，因而不会投资，整个资本市场关闭。这使得投资不足的情况出现。如果 $a > a^*$，则市场上将会出现混同均衡。企业家的收益 $R_E = R - \dfrac{I}{m}$。由于 $q < m < p$，因此，$R_E^B < R_E < R_E^G$。投资者从好的企业家处获得更多的收益，从差的企业家处获得负的收益，因此，市场上出现交叉补贴的情况。好的企业家利益因为差的企业家伪装成好的企业家而受损。如果差的企业家是不值得投资的，即 $qR < I$，则市场上将出现过度投资的情况。

与道德风险类似，我们可以定义一个逆向选择指数，用以衡量市场上的逆向选择程度。

$$Index_{AS} = (1 - a)\frac{p - q}{p} \tag{3.1.20}$$

该指数由两个部分构成，即投资者对差的企业家的先验概率和似然率。利用逆向选择指数可以改写投资者参与约束：

$$(1 - Index_{AS})pR \geqslant I \tag{3.1.21}$$

其含义为，如果没有完整的信号传递机制，那么好的借款人的可保证收入会因为差的企业家的伪装行为打一个折扣，这个折扣正好就是逆向选择指数。同样地，利用逆向选择指数还能测度出好的企业家因为逆向选

择而遭受的损失 $\dfrac{Index_{AS}}{1 - Index_{AS}}I$，因此，好的企业家遭受的预期收益损失是逆向选择指数的单调递增函数。在逆向选择的条件下，影响市场直接投资的是投资者对企业家好坏的先验概率 a 和逆向选择指数。

与逆向选择相对应，在道德风险的情形下，影响投资者投资决策的直接因素是企业家的净资产和道德风险指数。

除了先验概率和逆向选择指数外，整个市场行情也会影响投资者的投资决策。为了方便考察市场行情对投资者投资决策的影响，我们这里引入一个代表企业、行情或者整个市场的公共观测的参数 τ。不论是好的企业家还是坏的企业家，在考虑市场行情时，其项目成功的概率都变为在原来概率的基础上加上参数 τ。那么，新的投资者参与约束（PCF）变为：

$$R_F(a) = m(R - R_E) - I = [(p - q)a + q + \tau](R - R_E) - I \geq 0 \quad (3.1.22)$$

因此，在考虑市场行情后，市场开市的阈值 a^* 发生变化。如果市场行情比基准情况好，即 $\tau > 0$，则这个阈值变小；反之，这个阈值将变大。一个合理的解释是，市场行情将影响逆向选择指数。考虑市场行情后，逆向选择指数变为：

$$Index_{AS} = (1 - a)\frac{p - q}{p + \tau} \quad (3.1.23)$$

因此，逆向选择指数是市场行情参数的递减函数。当市场行情变好时，逆向选择指数变小，好的企业家因为逆向选择遭受的损失也变小。

综合以上分析，逆向选择通过投资者对企业家好或坏的先验概率预期影响其投资决策。而这个先验概率的阈值受到逆向选择指数的影响。逆向选择指数又取决于信号发送的明确程度和市场行情。

第二节　异质性

为了进一步拓展模型，本节将异质性纳入模型，分别考察企业家净资产、企业家的私人收益和企业盈利能力三种类型的异质性。为了与第一节的内容相对应，本节在道德风险主题下讨论企业家净资产异质性，在逆向选择主题下讨论企业家私人收益和企业盈利能力的异质性。

首先，设定模型的基本背景。假定经济中存在两类人：投资者和企业家。投资者储蓄，并借款给企业家。企业家向投资者借款，用于项目投资。假定投资者在 t 时期借款给企业，在 $t+1$ 时期企业还款。两期消费分别为 c_t 和 c_{t+1}。实际利率为 r_t。投资者和企业家的跨期效用函数形式相同，都为：

$$U(c_t, c_{t+1}) = u(c_t) + c_{t+1} \tag{3.2.1}$$

其中 $u(\cdot)$ 为递增的凹函数。投资者最优化问题为：

$$\max_{(c_t, c_{t+1})} u(c_t) + c_{t+1}$$

$$s.t. \ c_t + \frac{c_{t+1}}{1 + r_t} = y_t \tag{3.2.2}$$

利用拉格朗日函数求解该问题可以得到 $u'[c_0(r)] = 1 + r_t$。由于 $u(\cdot)$ 是凹函数，$u''(\cdot) < 0$，因此，储蓄 $S(r_t) = y_t - c_t(r_t)$ 是利率 r_t 的增函数。

一　企业家净资产的异质性

假定企业家具有异质性，其净资产 A 在区间 $[\underline{A}, \overline{A}]$ 上服从连续累积分布函数和密度函数分别为 $G(A)$ 和 $g(A)$ 的分布。项目投资需要金额为 I。假定 $\overline{A} \leq I$，即所有企业都需要融资。① 假定企业家尽责时，项目成功的概率为 p_H；失责的时候，项目成功的概率为 p_L，$p_H > p_L$。如果项目成功，项目收益为 R，企业家分得的收益用 R_E 表示，投资者的收益用 R_F 表示。如果项目失败，项目收益为 0，企业家和投资者的收

---

① 原则上企业净资产可以超过项目投资金额，若 $A \geq I$，则该企业不需要融资，而是成为净储蓄者。但这样的假定除了使模型更加复杂外，对本节理论没有任何影响。

益也为0。企业家失责的私人收益为 B，或者说这是企业家尽责的机会成本。

因此，有资源约束条件（RC）为：

$$R_E \geq 0, R_F \geq 0, R_E + R_F \leq R \tag{3.2.3}$$

投资者的参与约束条件（PCF）为：

$$p_H R \geq (1 + r_i) I \tag{3.2.4}$$

企业家的激励相容约束条件（ICE）为：

$$p_H R_E \geq p_L R_E + B \tag{3.2.5}$$

结合条件（RC）和条件（ICE）可以得到投资者可以保证得到但又不会破坏企业家激励相容约束条件的最高期望收益，即可保证收益为 $p_H \left(R - \dfrac{B}{\triangle p} \right)$。资产拥有量为 A 的企业家在利率为 r 时获得融资的充分必要条件为：

$$p_H \left(R - \frac{B}{\triangle p} \right) \geq (1 + r)[I - A(r)] \tag{3.2.6}$$

记 $A^*(r)$ 为能够获得融资的最低净资产量，即（3.2.6）式取等号时，则：

$$A^*(r) = I - \frac{p_H}{1 + r} \left(R - \frac{B}{\triangle p} \right) \tag{3.2.7}$$

$A^*(r)$ 是 r 的单调递增函数。记利率为 r 时，企业的净投资需求为 $D(r)$，则：

$$D(r) = \int_{A^*(r)}^{\bar{A}} (I - A) g(A) dA - \int_{\underline{A}}^{A^*(r)} A g(A) dA = \{1 - G[A^*(r)]\} I - A^e \tag{3.2.8}$$

其中 $A^e = \displaystyle\int_{\underline{A}}^{\bar{A}} A g(A) dA$ 表示企业家的平均财富净值。因此，$D(r)$ 是 r

的单调递减函数。市场出清条件为：

$$D(r) = S(r) \tag{3.2.9}$$

根据 $S(r_t)$、$A^*(r)$ 和 $D(r)$ 的性质，可以知道以下几个推论：（1）企业家失责的私人收益越大，能够获得融资的需要最低净资产量越多；（2）当企业家尽责时，项目仍然失败的概率越大，即项目本身质量越差，能够获得融资的需要最低净资产量越多。因此，这里的基本结论与第一节基本保持一致。

将企业家净资产的异质性引入模型的一个好处在于，能够讨论资本紧缩和财富再分配的影响。为了讨论资产变化的影响，这里假定资产 A 的分布受到参数 θ 的影响，即资产的分布函数为 $G(A \mid \theta)$ 的形式。假定参数 θ 增大对应着资产分布的上尾比重增大，意味着资产分布的改进，即资产扩张；参数 θ 减小对应着上尾比重减小，意味着资产分布的恶化，即资产紧缩。这有些类似于一阶随机占优的概念，关于一阶随机占优的应用，本书将在第五章异质信念分布中进行更加详细和精确的讨论。

资产紧缩会产生两种效应。一方面，将参数 θ 代入企业家财富均值的表达式，将其改写为：

$$A^e(\theta) = \int_{\underline{A}}^{\overline{A}} A \, dG(A \mid \theta) = \overline{A} - \int_{\underline{A}}^{\overline{A}} G(A \mid \theta) \, dA \tag{3.2.10}$$

对其进行求导可得 $dA^e/d\theta > 0$，因此，资本紧缩将导致企业家平均财富的下降。根据（3.2.8）式，可知对于给定的项目投资需求，财富水平的下降将导致仍然能够借到款的企业家借款需求增加。另外，根据企业家获得借款的净资产要求，可知当企业家净资产分布恶化时，将导致一些原来能够获得贷款的企业家不能再获得贷款，产生一个间接的逐出效应。因此，综合起来，企业家资产分布的变化对市场总的借款需求的影响是不确定的，它取决于前面两个方面的影响。但是就整个社会的效率而言，企业家净资产分布的改善无疑会提升整个经济的效率和福利水平。

二 私人收益和企业效率的异质性

为了与前文对应，这里在逆向选择的框架下讨论企业家私人收益和企业效率的异质性。逆向选择主要指企业家在初始融资阶段具有私人信息。这里将不对称信息分为两类，即企业家失责时的私人收益信息不对称和项目成功概率信息的不对称。

1. 关于私人收益的非对称信息

首先考虑第一种情形，即企业家失责时的私人收益信息的不对称。假定企业家失责带来的收益 B 在区间 $[0, \overline{B}]$ 上服从连续累积分布函数和密度函数分别为 $H(B)$ 和 $h(B)$ 的分布。投资者希望甄别出好的企业家，但是由于好的企业家获得的剩余收益与坏的企业家没有明显的区别，因而投资者难以识别。

由于缺乏企业家的私人收益信息，所以投资者认为所有企业家都相同，即代表性企业家。假定 $\overline{B}$ 足够大，存在 R_E，使得：

$$(\triangle p) R_E = B^*(R_E), B^*(R_E) \in (0, B) \tag{3.2.11}$$

则当 $B > B^*(R_E)$ 时，企业家会失责；而当 $B < B^*(R_E)$ 时，企业家会尽责。$B^*(R_E)$ 是 R_E 的单调递增函数，即投资项目收益份额的增大会增加企业家的责任感。因此，投资者估计的期望成功率为：

$$E_F[p(R_E)] = p_H H[B^*(R_E)] + p_L \{1 - H[B^*(R_E)]\} \tag{3.2.12}$$

这个概率是 R_E 的单调递增函数。这意味着，在项目投资收益中企业家所占份额越大，企业家尽责的可能性越大，投资者预期项目成功的概率也越大。拥有资产为 A 的企业家，获得融资的充分必要条件为：

$$E_F[p(R_E)](R - R_E) \geq (1 + r)(I - A) \tag{3.2.13}$$

因此，外生利率的上升将导致企业家收益下降，企业家收益下降进一步降低其责任感，这反过来又降低企业家的收益。如此，往复循环，最终将导致市场均衡贷款总额急剧下降，甚至导致信贷市场关闭。

2. 关于盈利能力的非对称信息

其次考虑关于企业盈利能力的非对称信息。这里假定所有企业家失责时获得的私人收益是一样的，为 B。通过不同的成功概率，即按照项目的预期盈利能力来区分不同的企业家。假定企业家尽责和失责时项目成功的概率分别为 $p_H + \tau$ 和 $p_L + \tau$。其中 τ 表示营利性参数，在区间 $[\underline{\tau}, \overline{\tau}]$ 上服从累积分布函数和概率密度函数分别为 $H(\tau)$ 和 $h(\tau)$ 的分布。

记企业家的保留效用为 $\overline{U}_E[\tau(R_E)]$，当企业家分得的收益大于保留效用时，其才会申请借款，进行项目投资。假定保留效用是营利性参数的单调递增函数，即盈利能力越强的企业家，要求的保留效用越高。记 $\tau^*(R_E)$ 满足：

$$[p_H + \tau^*(R_E)]R_E = \overline{U}_E[\tau^*(R_E)] \tag{3.2.14}$$

接下来分两种情形讨论。第一种情形，如果 $\overline{U}'_E < R_E$，即盈利能力类型值 τ 的变化对企业家的保留效用影响不大。其中一个极端的情形就是对于任意 τ 都有 $\overline{U}_E(\tau) = \overline{U}_E$，即企业家的保留效用不依赖于类型。由于项目所获效用随着盈利能力的增加而增加，进而，只有 $\tau \geqslant \tau^*(R_E)$ 的企业家会申请贷款。因此，合约吸引的是好的类型的企业家。

对于给定的市场利率 r，投资者的参与约束条件（PCF）可以表示为：

$$\{p_H + \tau^+[\tau^*(R_E)]\}(R - R_E) = (1 + r)(I - A) \tag{3.2.15}$$

其中 $\tau^+(\tau^*) \equiv E(\tilde{\tau}|\tilde{\tau} \geqslant \tau^*) = \dfrac{\int_{\tau^*}^{\overline{\tau}} \tilde{\tau} h(\tilde{\tau}) d\tilde{\tau}}{1 - H(\tau)}$，表示投资者关于企业家盈利能力类型的上截尾均值。由于 $\overline{U}'_E < R_E$，因此，上式等号左边是企

业家收益 R_E 的减函数。在保证企业家的激励相容的约束条件下，利率上升将会使得企业家索取的收益 R_E 下降，这进一步导致 τ^* 上升，即改善贷款申请人的集合。因此，在这种情形下，利率的正向冲击将不断改善贷款人集合，筛选出好的类型的贷款人，信贷市场进入良性循环。

第二种情形，如果 $\overline{U'_E} > R_E$，即盈利能力类型值 τ 的变化对企业家的保留效用影响较大，超过融资给企业家带来的边际效用。由于项目所获效用随着盈利能力的增加而增加，因此，只有 $\tau \leqslant \tau^*(R_E)$ 的企业家会申请贷款。因此，合约吸引的是最差类型的企业家。此时，投资者的参与约束条件（PCF）变为：

$$\{p_H + \tau^-[\tau^*(R_E)]\}(R - R_E) = (1 + r)(I - A) \qquad (3.2.16)$$

其中，$\tau^-(\tau^*) \equiv E(\tilde{\tau} \mid \tilde{\tau} \geqslant \tau^*) = \dfrac{\displaystyle\int_{\underline{\tau}}^{\tau^*} \tilde{\tau} h(\tilde{\tau}) \, d\tilde{\tau}}{H(\tau)}$，表示投资者关于企业家盈利能力类型的下截尾均值。此时，利率冲击对信贷市场带来的影响与前一种情形完全相反。由于 $\overline{U'_E} > R_E$，因此，上式等号左边是企业家收益 R_E 的增函数。在保证企业家的激励相容的约束条件下，利率上升将会使得企业家索取的收益 R_E 上升，这进一步导致 τ^* 下降，即进一步降低贷款申请人的质量。因此，在这种情形下，利率的正向冲击将不断降低贷款人质量，筛选出最差类型的贷款人，信贷市场进入恶性循环，最终导致市场彻底崩溃。

综合前面的分析，在企业效率信息不对称的情况下，外生利率变化对信贷市场的冲击取决于企业家的类型。如果企业家的保留效用对企业盈利能力不敏感，那么，正向的外生利率冲击能够不断改善贷款申请人的集合，使整个市场进入良性循环。但是如果企业家的保留效用对企业盈利能力敏感，当企业盈利能力上升时，企业家要求的保留效用也大幅上升，那么，正向的外生利率冲击将不断恶化贷款申请人的集合，使信贷市场陷入恶性循环，最终导致市场彻底崩溃。

第三节　金融中介

在现实中，企业常常并非直接从投资者处获得融资，而是通过银行等金融中介获得融资。因此，我们在前面模型的基础上引入一个金融中介机构——银行。金融中介扮演的角色在于两个方面：第一，从投资者那里收集资金，连同自有资金，一起贷款给企业家；第二，能够以一定的成本排除最差的项目。假定三个经济主体都是风险中性的。记投资者要求的回报率为 r，银行要求的回报率为 r_b。所有企业家构成一个度量为 1 的连续统。他们的净现值在 $[0, +\infty]$ 上服从累积分布函数为 $G(A)$ 的分布。

假定有三种类型的投资项目 G、b 和 B。其中 G 类型的项目对应着"好"的项目，成功的概率为 p_H，企业家的私人收益为 0。项目 b 和 B 成功概率相同，都为 p_L，$p_L < p_H$，但项目 B 中企业家私人收益 B 大于项目 b 中企业家获得的私人收益 b，即 $B > b > 0$（见表 3-1）。银行具有监督功能，能够以成本 c 排除最差的项目 B。而投资者不能搜集信息，是无信息的投资者，但他们能够搭上银行监督活动的便车。由于监督活动需要成本，因此，银行要求的回报率要高于无信息的投资者，即 $r_b > r$。银行从无信息的投资者那里集中资金并连同自有资金一起贷款给企业家，而无信息的投资者只将自有资金直接借给企业家。

表 3-1　投资项目类型、成功概率和私人收益

投资项目类型	G	b	B
项目成功概率	p_H	p_L	p_L
企业家私人收益	0	b	B

如果不考虑银行，则与前文一致，当企业家净资产 $A \geq \overline{A}(r) \equiv I - \dfrac{p_H}{r}(R - \dfrac{B}{\triangle p})$ 时，企业家才能获得贷款。

当考虑银行时，记投资者和银行的投入资金分别为 I_B 和 I_F，满足 $I_F + I_B + A = I$。企业家、投资者和银行的收益分配分别为 R_E、R_F 和 R_B。假定银行的信息资本供给量为 K_B，在三个经济主体的情况下，

资源约束条件（RC）为：

$$R_E + R_F + R_B \leqslant R \tag{3.3.1}$$

企业家的激励相容约束条件（ICE）为：

$$b \leqslant \triangle pR < B \tag{3.3.2}$$

这意味着需要对企业家进行监督，否则就没有必要引入银行和监督机制，且当受到监督时企业家就会尽责，努力工作。

银行的激励相容约束条件（ICB）为：

$$\triangle pR_B \geqslant c \tag{3.3.3}$$

无信息的投资者参与约束（PCU）为：

$$p_H \Big[R - \frac{(b + c)}{\triangle p} \Big] \geqslant r \big[I - A - I_B(r_B) \big] \tag{3.3.4}$$

这意味着对于企业家来说，存在一个净资产阈值 $\underline{A}(r_B, r)$，当 $A \geqslant \underline{A}(r_B, r)$ 时，企业家才能够获得融资。记 $\overline{A}(r)$ 为没有银行监督时，企业家能够获得融资的净资产阈值。如果 $\overline{A}(r_B, r) \leqslant \underline{A}(r)$，则说明银行的监督成本过高，监督资本超额供给，因此，$r_B = \dfrac{rp_H}{p_L}$。进一步可以得到一个监督成本的阈值 $\overline{c} = p_H(B - b)$，当监督成本 $c < \overline{c}$ 时，$\overline{A}(r_B, r) \leqslant \underline{A}(r)$。因此，只有当银行的监督成本低于一定阈值时，银行监督者角色的引入才有利于改善资本市场，让更多的企业家获得融资。其中净资产 $A \in (\underline{A}, \overline{A})$ 的企业家只能通过银行获得间接融资。反之，如果银行的监督成本过高，则不利于资本市场的完善。

资本市场出清。 引入银行这个中介机构后，由于市场上存在两种类型的资本，即具有企业家私人收益信息的信息资本和没有企业家私人收

益信息的非信息资本，因此，在讨论资本市场出清时，应当分别讨论两个市场的出清条件。当两个资本市场同时出清时，整个资本市场才完全出清。

信息资本市场出清。均衡中，市场上两类资本出清。由于每个企业都只需要最小量的银行的信息资本，因此，总的信息资本需求为 $D_B(r, r_B) = \{G[\overline{A}(r)] - G[\underline{A}(r, r_B)]\}I_B(r_B)$。假定信息资本不存在超额供给，有监督的信息资本出清条件为：

$$K_B = D_B(r, r_B) = \{G[\overline{A}(r)] - G[\underline{A}(r, r_B)]\}I_B(r_B) \tag{3.3.5}$$

由于 $I_B(r_B)$ 和 $\underline{A}(r, r_B)$ 都是 r_B 的减函数，信息资本总需求 $D_B(r, r_B)$ 也是 r_B 的减函数。因此，对于任一 r 都能存在唯一的 r_B 让信息资本市场出清。

非信息资本市场出清。如果假定净资产超过项目投资所需资金 I 的企业家和不能获得贷款融资的企业家进行储蓄，则非信息资本的总需求为：

$$D_U(r, r_B) = \int_{\overline{A}(r)}^{\infty} (I - A) dG(A) + \int_{\underline{A}(r, r_B)}^{\overline{A}(r)} [I - A - I_B(r_B)] dG(A)$$
$$- \int_0^{\underline{A}(r, r_B)} A dG(A) \tag{3.3.6}$$

则非信息资本市场出清的条件为：

$$S(r) = D_U(r, r_B) \tag{3.3.7}$$

这两个市场的出清条件保证了整个信贷市场的出清和均衡。根据 Homlmstrom 和 Tirole（1997）以及 Tirole（2006）的研究，当资本紧缩时，即企业家净资产累积分布函数 $G(A)$ 向零点偏移时，整个市场的均衡投资数量下降，企业的贷款门槛 $\underline{A}(r, r_B)$ 提高（这里假定 $c \leqslant \overline{c}$，即银行引入降低企业贷款门槛的情形）。这个结论与没有银行的模型基本保持一致。同样地，当信贷紧缩，即银行供给的信息资本总额 K_B 下降，或者储蓄遭到外生的负向冲击，即 $S(r)$ 曲线左移时，也会提高企业的贷款门槛和降低整个市场的投资总额。

综合前文分析，银行这个中介机构的引入，能否改善信贷市场主要取决于两个因素。第一，银行的监督成本。如果银行的监督成本过高，反倒不利于资本市场。只有当银行的监督成本低于一定阈值时，企业家获得贷款所必需的自我资本门槛才会降低，使得更多的企业家能够获得贷款，投资具有营利性的项目。第二，银行的信贷供给。当信贷紧缩，银行供给的信息资本总额下降，或者储蓄遭到外生的负向冲击，即储蓄曲线左移时，也会提高企业的贷款门槛和降低整个市场的投资总额。

第四节　贴息贷款和直接补贴的比较

在实际操作中，贴息贷款和直接补贴并没有明晰的界限。但为了严谨和便于建模讨论，这里严格界定两类政策。这里认为，贴息贷款指的是企业家从投资者获得贷款的利息由政府财政政策全额或者部分补贴，企业家只需偿还本金和少部分利息。而直接补贴指的是政府通过财政政策对企业家的一次性转移支付，增加其投资的自有资金。

从企业家获得贷款的必要条件式（3.1.4）出发，假定不论是直接补贴还是贴息贷款，政府的转移支付金额都相同，记为 T。首先，在相对简单的情形下讨论直接补贴，将政府转移支付 T 代入式（3.1.4），可以得到：

$$A \geqslant \overline{A}_1 = I - \frac{p_H}{(1+r)}\left(R - \frac{B}{\triangle p}\right) - T \tag{3.4.1}$$

因此，直接补贴的一个直接效果是，降低了企业家成功获得融资的自有净资产需求，降低幅度等于政府转移支付幅度 T。

接下来讨论比较复杂的情形，即贴息贷款。先假定通过贴息贷款政策，企业家获得贷款。通过贴息贷款，企业家面临的有效利率为：

$$r' = r - \frac{T}{A} \tag{3.4.2}$$

将式（3.4.2）代回式（3.1.4），可以得到企业家获得贷款的新的必要条件：

$$\bar{A}_2 \geqslant I - \frac{p_H}{1 + r - \dfrac{T}{\bar{A}_2}}\left(R - \frac{B}{\triangle p}\right) \tag{3.4.3}$$

经过一系列代数运算，可以证明存在一个正的 $\bar{I}$，满足：

$$\bar{A}_2 \begin{cases} > \bar{A}_1, \text{if } I < \bar{I} \\ < \bar{A}_1, \text{if } I > \bar{I} \end{cases} \tag{3.4.4}$$

这意味着，当项目资金需求量比较大时，贴息贷款政策更加能够降低企业家所需自有资金的门槛；而当项目资金需求量比较小时，直接补贴更加能够有效降低企业家所需自有资金的门槛。两种政策看起来各有优势，但在实践中，难以获得融资的企业家通常是创业者或者小企业主，他们投资项目所需资金常常较少，即小于相应 $\bar{I}$ 值的可能性更大。因此，基于本章的理论，直接的直接补贴更有效。

第五节　小结与政策建议

本章基于非对称信息，从信贷配给的角度，研究了金融摩擦形成的微观基础。从最简单的同质条件下的道德风险和逆向选择出发，将模型扩展到兼容异质性的情形。本章从企业家净资产分布、企业家私人收益和项目盈利能力三个方面讨论了异质性的影响。然后引入金融中介，考察金融中介在信贷配给形成过程中的作用。最后，比较了目前我国常见的两种政策，即贴息贷款和直接补贴对缓解信贷配给的影响。

通过研究，本章主要结论如下。

第一，信贷配给本身就是一个均衡现象，并不是市场失灵的结果。当存在道德风险和逆向选择时，信贷配给不可避免。对于给定的项目投资需求、企业家私人收益和成功的概率分布以及道德风险将导致自身净资产低于一定限额的企业家无法获得贷款。而逆向选择既可能导致过度投资，也可能导致信贷市场彻底关闭。

第二，对于给定的项目投资需求，企业家净资产分布变化产生的影响是模糊的。如果企业家资产分布恶化，则将出现一部分企业由于净资产低于获得融资的最低需求而被逐出市场，导致总的借款需求下降；而剩下的企业将由于资金缺口的扩大，总的借款需求上升。这两方面的共同结果决定信贷市场的均衡借款额和均衡利率。同样地，当企业家资产分布改进时，尽管原来市场上的企业家借款需求降低，但会有新的企业家进入信贷市场。这两方面的作用使得市场均衡的借贷总额和均衡利率的变动也不确定。但是就整个社会的效率而言，企业家净资产分布的改善无疑会提升整个经济的效率和福利水平。

第三，在企业效率信息不对称的条件下，外生利率冲击对信贷市场的影响取决于企业家效用函数类型。若效用函数对企业盈利能力不敏感，则正向利率冲击能够持续改善贷款申请人集合，信贷市场进入一个良性循环；反之，若效用函数对盈利能力比较敏感，则正向利率冲击将不断恶化贷款申请人集合，信贷市场陷入一个恶性循环，甚至出现崩溃。

第四，银行作为中介机构对信贷市场的影响取决于其监督成本和信贷供给。若银行监督成本较低，则能够有效降低企业家为获得贷款所必需的自有资本门槛，进而提升市场投资总额；反之，若银行监督成本过高，则不利于资本市场。若银行信息资本总额供给充足，也将降低企业贷款门槛，提升市场投资总额；反之，若银行信息资本供给不足，则会导致信贷紧缩，提高企业贷款门槛，进而降低市场投资总额。

结合本章的研究内容和研究结果，这里提出如下政策建议。

第一，既然已知信贷配给现象是一种均衡结果，不是市场失灵的表现，因此，在应对信贷配给时，不应通过调整信贷市场供求关系或者其他强制行政手段，让资金流到最有效率的地方，而是应当从信贷配给产生的根本原因——信息不对称出发，保障信贷市场的信息透明。

第二，对于具有优质投资项目却又缺乏足够资金的中小企业家和创业者，应当直接对其实施财政补贴或者其他形式的转移支付，增加其资产负债表上的净资产价值，而不是对其实施贴息贷款。对于相等额度的财政支出，对资金缺乏者的直接补贴更有利于其在信贷市场获得贷款资金。

第三，进一步完善与市场经济发展相适应的会计制度。建立全面的会计核算体系，以满足市场经济的多元化和企业改革的多样化，尤其要将会计核算体系覆盖到缺乏资金的中小企业，信息透明是这些企业获得贷款资金和提高社会资源配置效率的关键。对于大多数行业应该建立较为规范、统一的会计准则和会计核算方式，便于投资者和社会公众对企业财务报表进行分析、判断。

第四，全面提高审计质量，降低银行的监督成本；维护金融稳定，保障银行资本供给能力。通过准确认识市场的局限性、制定与市场相适应的政策，通过政府监管和行业自律、维护审计市场的秩序、强化会计师事务所的内部治理、统一会计准则等手段，降低银行贷款时评估企业经营信息和项目投资前景的成本。维护金融稳定，保证银行系统具有充足的资本供给，以提升银行作为金融中介配置资源的效率。

第四章
不完备市场、流动性约束与投资效率

　　纵观历史，过去几十年中，很多发达国家和发展中国家经历过长期信贷扩张，其中大部分国家在信贷扩张之后遭受了金融危机。政府不断尝试制定各种各样的预防性措施来降低危机发生的概率。但是只有很少的文献探讨为什么信贷繁荣常常是无效的，以及应当制定什么样的政策来缓解这种无效性。如果私人部门能够很好地预见未来的风险，那么，决策时就应当考虑这些风险。如果投资者仍然大量借款，那么说明他们认为未来的预期收益将能补偿风险和偿还借款。如果要尝试通过制定政策来提升效率，那么我们应当从根本上理解在什么样的条件下，以及通过什么样的机制，投资者的这种决策将导致效率降低。既有文献主要关注借款者盲目乐观、政府救济兜底引发道德风险、信息延迟以及高借贷金融外部性引发的外部性系统风险。

　　本章试图建立一个简单的基准框架，来讨论不完备市场、流动性约束与投资效率三者之间的关系。本章安排如下：第一节是文献综述；第二节建立一个简单的三个时期的基准模型；第三节讨论模型的均衡特征；第四节着重讨论福利分配和效率问题；第五节讨论两篇与本书相关的代表性文献，说明本书的框架兼容它们的模型；第六节是小结与政策建议。

第一节　文献综述

本节先梳理一下研究企业财务困境、资产抛售和资产价格之间关系的文献。关于财务困境和资产价格之间的一般均衡反馈的文献，最早始于 Shleifer 和 Vishny（1992）以及 Kiyotaki 和 Moore（1997）。前者主要讨论了资产清算价值的决定因素，他们建立了一个模型，讨论了当一个企业遭受财务困境的时候打算出售资产，但对资产估值较高的同一行业的其他企业也遇到相同问题，没有足够的资金购买该资产。只有没有遭遇同样财务困境但对该资产估值较低的其他行业企业有兴趣和足够的资金购买该资产，这就使得资产清算价值低于实际价值。而 Kiyotaki 和 Moore（1997）假定放贷者不能强制要求借款者偿还债务，此时借款者的耐用资产扮演着生产投入要素和借贷抵押品的双重角色。信贷限制和资产价格之间的相互作用将会放大微小的技术或者收入分配方面的冲击，对产出和资产价格产生持久的巨大影响。

在经验研究方面，Pulvino（1998）以及 Aguiar 和 Gopinath（2005）则对资产抛售进行了比较详尽的经验实证研究。Pulvino（1998）利用商业航空行业的数据，研究发现受到金融约束的航空公司出售二手窄体飞机时，清算价格低于没有受到金融约束的航空公司。在经济下行时期，受到金融约束的航空公司也更加倾向于将资产卖给其他行业的企业。而后者利用公司层面的数据发现，东亚地区的外资并购和国内并购呈反方向变化。1996—1998 年亚洲金融危机期间，该地区外资并购增长 91%，而国内并购出现明显下降。企业的流动性在解释这一现象方面具有重要作用，因此，他们得出的结论与以往多数文献相反，认为危机状态下企业流动性与外国资本流入具有一致性。

Krishnmurthy（2003）在 Kiyotaki 和 Moore（1997）的基础上建立了状态依存契约，并认为相对于非状态依存契约，状态依存契约有利于减轻金融外部性的放大程度。他提出了一个非完全对冲理论，即当抵押品的加总价值限制了对冲资产的价值时，企业的信贷限制和产出下降都会被放大。Allen 和 Gale（2004）、Gai 和 Fisher（2005）与 Farhi 等（2009）也利用有限制的效率来分析金融市场上预防性措施扮演的角色。Allen 和 Gale（2004）认为譬如银行之类的不能发行状态依存的契约的金融中介在遭受冲击时容易破产。Farhi 等（2009）在 Diamond-Dybvig 模型下研究不可观察的流动性冲击和保险，发现竞争均衡是无效率的。但若社会计划者在最优配置的利率和企业的边际转换率间加一个恰当的楔子，则能有效缓解该情况。Hart 和 Zingales（2015）也研究了类似的情况，但仅考虑了一种金融摩擦，即只集中考虑消费者的流动性限制。Holmström 和 Tirole（2011）与 Lorenzoni（2008）同时考虑了两种摩擦：企业不能利用未来收入作为抵押借贷，而消费者也不能利用未来禀赋进行抵押。这些文献共同的结论是，如果政府能够通过提供无风险资产或者向消费者征税等方式，外生供给足够的流动性，则均衡是第一最优有效的；如果没有政府提供外在的无风险的流动性，那么均衡就是第二最优无效的。

第二节　模型的基本框架

考虑一个包含三个时期的简单投资模型，$t \in \{0, 1, 2\}$。假定经济中存在两种类型的个体，即企业家和投资者。这两类个体数量相等，各有一个连续统。经济中存在两类商品，即消费品和资本品。消费品和资本品之间不能通过生产过程转换，但是可以在市场上按照一定价格进行交换。为了简便，假定资本品由外生的第三方供给，总供给量为 1。消费品和资本品市场都是完全竞争的，消费品的价格标准化为 1。

假定投资者是风险中性的，投资者在三个时期都有消费，记其偏好为 $E[\tilde{c}_0 + \tilde{c}_1 + \tilde{c}_2]$。这里不考虑折现问题，投资者在每个时期都有固定

数量为 e 的消费品禀赋。为了保证后文投资者的行为不会受到约束，而仅仅将约束集中到企业家，这里假定 e 的数量足够大且不考虑不确定性，即便考虑不确定性也不影响这里的基本结论，但会使模型变得更加复杂。投资者拥有一个落后的生产部门，只在第 1 期具有 $\tilde{k}_1 \in [0,1]$ 的资本品禀赋，并决定下一期的投资 $\tilde{k}_2 \geq 0$。假定投资者只在第 1 期进行投入资本品生产，通过投入资本品生产消费品，在第 2 期获得产出。其生产技术可以用如下函数表示：

$$G(\tilde{k}_2) = \tilde{k}_2 - \frac{1}{2}\tilde{k}_2^2 \qquad (4.2.1)$$

因此，投资者的边际产出为 $\left(1 - \dfrac{\tilde{k}_2}{2}\right) \leq 1$。由于投资者的边际产出小于 1，而且假定资本品市场完全竞争，因此，其在第 1 期对单位资本品的估值也小于 1。投资者在第 0 期、第 1 期和第 2 期的预算约束分别为：

$$\tilde{c}_0 \leq e \qquad (4.2.2)$$

$$\tilde{c}_1 + q(\tilde{k}_2 - \tilde{k}_1) \leq e \qquad (4.2.3)$$

$$\tilde{c}_2 \leq e + \tilde{k}_2 - \frac{1}{2}\tilde{k}_2^2 \qquad (4.2.4)$$

其中 q 表示在第 1 期资本品的市场价格。假定投资者每一时期的消费品禀赋数量 e 足够大，使其每一期的预算约束不会受到限制。同样假定企业家的风险是中性的。企业家在三个时期都有消费，记企业家的偏好函数为 $E[c_0 + c_1 + c_2]$。为了简便，依然不考虑消费中的折现问题。企业家在第 0 期具有数量为 n_0 的消费品禀赋，在第 1 期和第 2 期都没有消费品禀赋。假定每一个时期总的资本供给量为 1，则企业家在第 1 期具有的资本品数量为 $k_1 = 1 - \tilde{k}_1$。假定企业家拥有一个相对先进的部门。企业家的生产技术为，在第 1 期要同时投入 1 单位的资本品和 1 单位的消费品才能在第 2 期生产出 $a > 2$ 单位的消费品。因此，企业家的边际产

出为 $\dfrac{a}{(1+q)}$。当 $q < a-1$ 时，企业家的边际产出大于 1。由于资本品市场是完全竞争的，因此，此时企业家对单位资本品的估值也大于 1。

由于企业家在第 1 期自身没有消费品禀赋，因此，如果投资量较大，则需要通过资产抛售资本品、借款、预防性储蓄或者保险等途径来获得消费品。这里假定企业家通过在第 0 期进行预防性储蓄来为第 1 期的投资进行融资。企业家的预防性储蓄技术为：

$$n_1 + \phi(n_1) \to n_1 \tag{4.2.5}$$

其中 $\phi(\cdot)$ 表示储蓄的成本函数。其具有以下性质：$\phi(0)=0, \phi'>0$ 以及 $\phi''>0$。这意味着消费品的单位储蓄成本随着储蓄数量增加而增加。如果 $\phi(\cdot)$ 视作折价函数，那么，也可将（4.2.5）式用来描述资产抛售的情形。如果发生资产抛售，则说明需要的消费品数量越多，资产抛售的数量越大，资产抛售的价格就越低，资产折价上升的速度越快。因此，企业家在第 0 期、第 1 期和第 2 期的预算约束分别为：

$$c_0 + n_1 + \phi(n_1) \leq n_0 \tag{4.2.6}$$

$$c_1 + q(k_2 - k_1) + k_2 \leq n_1 \tag{4.2.7}$$

$$c_2 \leq ak_2 \tag{4.2.8}$$

根据前面的模型设定，仅在第 1 期存在资本品和消费品交换的市场。假定这个市场是完全竞争的，由于仅在第 1 期存在资本市场，而在第 0 期和第 2 期没有资本交易，因此，记第 1 期资本品与消费品的相对价格为 q，而第 0 期和第 2 期的资本品价格为 0。

第三节　均衡

企业家的问题是在给定资本品价格的前提下，选择储蓄和投资以最大化自身的预期效用。而投资者的问题则是在给定资本品价格的前提下，选择投资以最大化自身的预期效用。双方最优化的结果和资本市场出清决定资本品的均衡价格 q。对称的竞争均衡由企业家和投资者最优化决策选择和竞争性资本市场出清决定的资本品价格 q，投资者的消费和投资 $\{\tilde{c}_0, \tilde{c}_1, \tilde{c}_2; \tilde{k}_2\}$ 由企业家的消费、储蓄和投资 $\{c_0, c_1, c_2; n_1; k_2\}$ 构成。由于本章主要讨论不完备市场、流动性约束与投资效率之间的关系和作用机制，且基于模型的简化，因此，这里主要讨论均衡的特征。

为了便于分析，本章首先从第 1 期最基本的资本市场均衡入手。

命题 4.1：均衡中，资本品价格特征表现为：

$$q \in \{a - 1, G'(\tilde{k}_2)\}$$
$$\tilde{k}_2 = \max(k_0 - k_1, 0)$$

证明：由于模型设定资本品供给是缺乏弹性的，因此，资本品价格取决于需求方。由于市场上存在两种类别的资本品需求者，且企业家的边际转换率始终高于投资者。如果企业家有充足的资金购买资本品，其对资本品的需求大于或等于资本品的供给，则资本品价格等于其边际转换率 $a - 1$。如果企业家没有足够的资金，市场上存在剩余需求，那么，资本品价格等于投资者的边际转换率。第二个等式根据资本品市场均衡直接得出。证毕。

由于假定每一期投资者的禀赋足够大，那么，对于投资者来说，问题相对简单。在式（4.2.2）与式（4.1.3）以及 $\tilde{c}_0 \geq 0$、$\tilde{c}_1 \geq 0$ 和 $\tilde{c}_2 \geq 0$ 的约束下最大化投资者效用，投资者的效用函数可以表示为：

$$U_F = cons. + q\tilde{k}_1 + \max_{\tilde{k}_2 \geq 0}(1 - q)\tilde{k}_2 - \frac{1}{2}\tilde{k}_2^2 \tag{4.3.1}$$

这意味着投资者在第 2 期资本品市场上对资本品的需求函数为：$\tilde{k}_2 = \max(0, 1 - q)$，而在第 1 期对资本品的需求函数为：

$$\tilde{k}^d = \tilde{k}_2 - \tilde{k}_1 = \max(0, 1 - q) - \tilde{k}_1 \tag{4.3.2}$$

如果上式结果的符号为正，则表示投资者在市场上为资本品的需求者；反之，则为资本品的供给者。

而对于企业家来说，情况稍显复杂。由于市场不完善，在第 1 期不能通过抵押下一期的产出，或者发行债券之类的方式获得足够的资本品，而是通过前一期的储蓄来实现内部融资。因此，存在两种情形。

命题 4.2：当 $n_1 > a - k_1(a-1)$ 时，根据前面的假设容易得到均衡的以下特征：

$$k_2 = 1, \tilde{k}_2 = 0;$$
$$n_1 = a - k_1(a-1);$$
$$q = a - 1;$$
$$c_2 = a, c_1 = a - k_1(a-1), c_0 = n_0 - \{a - k_1(a-1) + \phi[a - k_1(a-1)]\};$$
$$\tilde{c}_2 = \tilde{c}_0 = e, \tilde{c}_1 = e + (a-1)(1-k_1) \tag{4.3.3}$$

证明：此时，企业家在第 1 期的约束（4.2.7）是松的。由于企业家的边际产出始终大于 1，因此，企业家最大化第 2 期的生产，而企业家又拥有足够多的资金，因此，有 $k_2 = 1$，$\tilde{k}_2 = 0$。由于资本市场供不应求，资本品均衡价格等于企业家的边际转换率 $a - 1$。

先考虑企业家的问题。由于不考虑企业家消费的折现率，而企业家的储蓄成本函数递增，因此，企业家在第 0 期的决策结果为，选择储蓄刚好满足第 1 期购买资本品的需求：

$$n_1 > a - k_1(a-1)$$

将上式代回第 0 期的预算约束，可以得到 $c_0 = n_0 - \{a - k_1(a-1) + \phi [a - k_1(a-1)]\}$。将 $k_2 = 1$ 代到第 2 期的生产函数，得到 $c_2 = a$。将这两个结果带到第 1 期的预算约束，再结合 $q = 1 - a$，得到 $n_1 = a - k_1(a-1)$。

再考虑投资者的问题。将 $\tilde{k}_2 = 0$ 代到投资者的第 2 期的预算约束，得到 $\tilde{c}_2 = e$。将 $\tilde{k}_2 = 0$ 和 $q = a - 1$ 代入投资者的第 1 期的预算约束，得到 $\tilde{c}_1 = e + (a-1)(1-k_1)$。由于投资者第 1 期不参与资本市场和生产，因此，$\tilde{c}_0 = e$。证毕。

此时的均衡不难理解。由于企业家第 0 期储蓄足够多，第 1 期就有足够多的消费品用来作为生产要素和购买资本品。由于企业家的边际产出较大，所以会购买市场上所有的资本品，最大化生产使得 $k_2 = 1$，第 2 期产出为 a。由于资本品供不应求，因此，资本品价格等于企业家的边际产出 $a - 1$。用上标 UC 标记此时的均衡，企业家的效用、投资者效用以及整个经济的总福利分别为：

$$E(u^{UC}) = a + \eta_0 - \phi[a - k_1(a - 1)]$$
$$E(\tilde{u}^{UC}) = 3e + (a - 1)(1 - k_1)$$
$$W^{UC} = 3e + (a - 1)(1 - k_1) + a + \eta_0 - \phi[a - k_1(a - 1)] \quad (4.3.4)$$

根据前面的证明过程，可以发现，这种企业家不受约束的关键之处在于具有足够多的禀赋，即要求：

$$\eta_0 \geq \{a - k_1(a - 1) + \phi[a - k_1(a - 1)]\}$$

接下来，我们将讨论本章的重点情形，即企业家在第 1 期的投资受到约束的情形。假定市场是不完全的，企业家不能通过抵押第 2 期的收入，在第 1 期向投资者借款。由于企业家此时受到约束，第 0 期的储蓄不能足够大到选择的最优值，因此，此时企业家还需要决定第 1 期的储蓄数量。

命题 4.3：当 $n_1 < 2 - k_1$ 时，企业家在第 1 期的约束是紧的。此时可以得到均衡具有以下特征：

$$q < 1, \bar{k}_2 = 1 - q > 0, k_2 = k_1 + \frac{n_1 - k_1}{1 + q} \quad (4.3.5)$$

$$n_1 = q(1 - k_1) + q^2 \quad (4.3.6)$$

证明：首先，根据投资者的最优化决策，给定资本品市场价格 $q < 1$，可以得到投资者的最优投资选择为：

$$\bar{k}_2 = 1 - q$$

利用企业家的预算约束式（4.2.7），以及企业家第 2 期的边际产出大于 1 的事实，可以得到：

$$k_2 = k_1 + \frac{\eta_1 - k_1}{1 + q}$$

利用资本市场出清条件 $k_2 + \tilde{k}_2 = 1$ ，进一步得到（4.3.6）式。证毕。

进一步可以将式（4.3.5）和式（4.3.6）代入企业家的预算约束，企业家的效用可以表示为：

$$U_E = cons. + \max_{n_1} - [n_1 + \phi(n_1)] + a\left(k_1 + \frac{n_1 - k_1}{1 + q}\right) \tag{4.3.7}$$

得到最优化的一阶条件：

$$1 + \phi'(n_1) = \frac{a}{1 + q} \tag{4.3.8}$$

利用式（4.3.6）和式（4.3.8）可以得到资本品均衡价格和企业家选择的最优储蓄水平。

第四节　福利与效率

为了考虑预防性储蓄对整个经济的福利和效率的影响，这里引入一个假想的社会计划者（Social Planner）。社会计划者的目标是最大化整个经济体的总福利水平。除了要考虑企业家预防性储蓄 n_1 和资本品市场均衡价格 q 之间的关系外，社会计划者面临的约束与分散经济下企业家和投资者面临的约束完全一致，即（1）社会计划者要面临企业家和投资者的预算约束问题；（2）社会计划者也要考虑企业家预防性储蓄决策的问题。同样地，这里主要考虑企业家受到约束的情形。

基于此，社会计划者的问题可以表示为：

$$\max_{|n_1, q|} cons. + q\bar{k}_1 + \left(\max_{\tilde{k}_2 \geqslant 0} (1 - q)\tilde{k}_2 - \frac{1}{2}\tilde{k}_2^2\right) - [n_1 + \phi(n_1)] + a\left(k_1 + \frac{n_1 - k_1}{1 + q}\right)$$

$$s.t.\ n_1 = q(1 - k_1) + q^2 \tag{4.4.1}$$

社会计划者最优化问题的一阶条件为：

$$1 + \phi'(n_1^*) = \frac{a}{1+q} + \frac{dq}{dn_1}(\bar{k}_1 - \bar{k}_2) + \frac{dq}{dn_1}\frac{a}{1+q}(k_1 - k_2) \qquad (4.4.2)$$

其中等号右边第二项利用包络定理得到，第三项利用链式法则和 $k_2 -$

$k_1 = \dfrac{n_1 - k_1}{1 + q}$ 得到。然后将第 1 期和第 2 期资本市场出清条件 $\bar{k}_1 + k_1 =$

$\bar{k}_2 + k_2 = 1$ 代入式（4.4.2）可以得到：

$$1 + \phi'(n_1^*) = \frac{a}{1+q} + (k_1 - k_2)\frac{dq}{dn_1}\left(\frac{a}{1+q} - 1\right) \qquad (4.4.3)$$

根据前面的推导结果，可知在企业家受到约束的条件下，$\dfrac{a}{1+q} >$

$1, \dfrac{dq}{dn_1} > 0$。因此，具有如下推论。

命题 4.4：如果 $k_1 > k_2$，即企业家在第 1 期的资本品市场是资产净出售者，此时：

$$n_1^* > n_1^{CE}$$

分散经济均衡中企业家储蓄过少；如果 $k_1 < k_2$，即企业家在第 1 期的资本品市场是资产净购入者，此时：

$$n_1^* < n_1^{CE}$$

分散经济均衡中企业家储蓄过多。

证明：由于已知 $\dfrac{a}{1+q} > 1$，$\dfrac{dq}{dn_1} > 0$，因此，（4.4.3）式等号右边与（4.3.8）式右边的大小关系取决于 $k_1 - k_2$，即第 2 期企业家投资的正负。又由于已经假定 $\phi'(\cdot) > 0$ 和 $\phi''(\cdot) > 0$，因此，当 $k_1 > k_2$，$n_1^* > n_1^{CE}$；反之，$n_1^* < n_1^{CE}$。证毕。

命题 4.4 意味着分散经济均衡无效率的来源取决于企业家的投资行为，如果企业家增加投资，则分散经济低效率的来源是企业家投资过多，储蓄过多；如果企业家减少投资，则分散经济低效率的来源是企业家投资不足。

同样地，在企业家受到约束的情形下，信贷市场完全的情形，企业家可以用第 2 期的产出作为抵押，向投资者借款。只要在借款方面不会受到限制，那么，这时企业家的第 2 期最优投资仍然是 k_2，整个社会的总福利与企业家不受到约束的情形完全相同，因此是有效率的。这种情形在福利经济学中常常被称作最优分配（First-Best Allocation）。但是，因为借贷合约常常扮演着重新分配社会福利的角色，所以，企业家和投资者的福利不一定与企业家不受限制的情形相同。

第五节　与相似文献的比较

Lorenzoni（2008）建立了一个企业家是资产净出售者情形的模型。他的模型更加精细和复杂，考虑了不确定性和借贷的情况，但大致框架与本位类似。他的核心结论是，当市场不完全时，企业家在坏的时期抛售资产，导致资产价格过低。而 Hart 和 Zingales（2015）的模型主要考虑受到抵押约束的时期，受到约束的经济个体是净资产购买者的情形。他们将两类经济个体分为财务咨询者和秘书。在第 2 和第 3 期，各有一半的个体是受到抵押限制的。其中财务咨询者在第 2 期受到限制，而秘书在第 3 期受到限制。他们的结论是，当市场不完全时，风险资产投资过低，这导致资产价格过高。接下来，本节将简要介绍两篇文献的模型和基本结论，并做对比。

一　Lorenzoni（2008）的研究

首先，考虑 Lorenzoni（2008）的模型。同样将经济分为三个时期 $t = \{0,1,2\}$，不确定性（或者危机）发生在第 1 期。假定经济中存在两类风险中性、数量相等的个体，即企业家和消费者。再假定存在两类商品，即易腐坏不能保存的消费品和能够保存但需要维护成本的资本品。消费品能够按照一比一的比例随时随地转化为资本品，反之却不行。

消费者的期望效用为 $E[c_0 + c_1 + c_2]$，每一期都有一个足够大的消费品禀赋 e。消费者拥有一个传统部门，其生产技术为在第 1 期投入 k_{1s}^T 单位资本，在第 2 期产出 $F(k_{1s}^T)$ 单位消费品。其中生产函数满足单调递增，严格凸且二阶可导，$F(0) = 0, F'(0) = 1$ 以及 $F'(\cdot) \geq \underline{q}$ 的性质。

企业家只在第 2 期进行消费，期望效用为 $E(c_2^e)$。他们仅在第 0 期具有数量为 n 的消费品禀赋。在第 0 期具有由消费品禀赋转化而来的资本品 k_0 单位。从第 0 期到第 1 期的生产面临着不确定性，生产技术为：

$$h_1(k_0) = a_s k_0, s = l \text{ or } h \qquad (4.5.1)$$

在第 1 期，企业家通过选择上期资本保留份额和下期投资增加额来决定下一期的投资额。但继续使用上期的部分资本需要的单位维护成本为 γ，χ_s 为上期资本保留比例。第 1 期到第 2 期的生产没有不确定性，其生产技术为：

$$h_2(k_{1s}) = A k_{1s} \qquad (4.5.2)$$

其中 $A > 1$，在第 2 期末资本品消亡，不复存在。

消费者和企业家之间存在借贷。借贷契约为 $\{d_0; (d_{1s}, d_{2s})\}$，即在第 0 期企业家向消费者借 d_0 单位消费品，分别在第 1 期和第 2 期还消费者 d_{1s} 和 d_{2s} 单位消费品。由于第 0 期和第 2 期没有市场，资本品价格为 0，记第 1 期商场上资本品价格为 q_s。

因此，求解分散市场均衡时，企业家的问题为：

$$\max_{\left\{\substack{(k_0, k_{1s}) \\ \{d_0; (d_{1s}, d_{2s})\}}\right\}} E \sum_s \pi_s(c_{2s}^e)$$

$$s.t. \ k_0 \leq n + d_0$$

$$q_s(k_{1s} - k_0) \leq a_s k_0 - \gamma \chi_s k_0 - d_{1s}$$

$$c_{2s}^e \leq A k_{1s} - d_{2s}$$

$$d_0 \leq \sum_s \pi_s (d_{1s} + d_{2s})$$

$$d_{1s} + d_{2s} \leq [\theta a_s + (q_s - \gamma)_+] k_0$$

$$d_{2s} \leq \theta A k_{1s}$$

$$k_0 \geq 0, k_{1s} \geq 0 \tag{4.5.3}$$

其中 $\theta \in (0,1)$ 表示如果企业家违约，其所有财产将会遭到清算，产出中将留给消费者的部分收益；$(q_s - \gamma)_+ = \max\{0, q_s - \gamma\}$。[1] 前三个约束条件分别为企业家面临的三期预算约束；第四个约束条件为消费者的参与约束，即消费者会借款给企业家的约束条件；第五和第六两个约束条件为企业家不会违约的约束条件，即企业家会按照借款合约偿还债务的条件。

而消费者的问题则相对简单，由于本章假定其每一期的禀赋 e 足够大，对其决策不会形成约束，因此，其最优化问题为：

$$\max_{\substack{\{k_{1s}^T \\ [d_0;(d_{1s},d_{2s})]\}}} e - d_0 + \sum_s \pi_s [e + d_{1s} - q_s k_{1s}^T + e + d_{2s} + F(k_{1s}^T)] \tag{4.5.4}$$

利用企业家和消费者问题的最优化一阶条件和资本品市场出清条件，可以得到分散市场的均衡。如果用上标 CE 表示分散市场的均衡，可以证明模型中存在唯一的对称竞争均衡，在均衡中资本品价格满足：

$$q_l^{CE} < q_h^{CE} = 1$$

根据参数的不同，均衡融资契约是以下三种中的一种：

$$0 \leq b_{1h}^{CE} < \theta a_h + 1 - \gamma, b_{1l}^{CE} = 0;$$

$$b_{1h}^{CE} = \theta a_h + 1 - \gamma, b_{1l}^{CE} = 0;$$

$$b_{1h}^{CE} = \theta a_h + 1 - \gamma, 0 \leq b_{1l}^{CE} \leq \theta a_l + q_l^{CE} - r$$

---

[1] Lorenzoni（2008）假定当企业家违约遭到清算时，$(1-\theta)$ 部分的产出将会消亡，而剩余的 θ 部分产出和资本品 k_0 将会留给消费者抵偿债务。由于第 2 期资本品消亡，因此，第 2 期如果违约，抵偿债务的只有部分当期产出收益 $\theta A k_{1s}$。这可以理解为企业家向消费者借款时的一种抵押形式。

其中 $b_{1s} = \dfrac{d_{1s} + d_{2s}}{k_0}$。这意味着在第 1 期不同状态下，存在一个偿债优序问题。在好的（H）情况下，企业家会通过设置偿还契约为 $b_{1h} = \theta a_h + 1 - \gamma$ 来尽可能地借款。在差的（L）情况下，由于企业家缺乏资金，削减借款，降低资本品的市场均衡价格，并在事前降低契约中的还款数额。企业家的这种动机在前两种情形中体现得尤为明显。在这两种情形下，企业家将在 L 情况下偿还 0。

与本书的研究类似，在考虑整个经济的福利时，同样引入一个最大化经济整体福利的中央计划者。中央计划者的最优化问题与分散市场的企业家和消费者类似，唯一的区别是，计划者还要考虑融资契约和资本市场出清的资本品价格之间的关系。在具体如何求解的过程中，可以给定一个消费者的效用水平 $\overline{U}$，然后将资本品价格与融资契约之间的关系代入，最大化企业家的效用水平。关于 $\overline{U}$ 值，根据帕累托改进的原理，一个比较好的选择是分散市场均衡中消费者的均衡效用水平 U_c^{CE}。通过设置 $\overline{U} = U_c^{CE}$，在计划者最大化社会福利的选择中，企业家的偿还契约满足：

$$\left(\sum_s \pi_s b_{1s} \right)^* \leqslant \left(\sum_s \pi_s b_{1s} \right)^{CE} \tag{4.5.5}$$

特别地，在第 1 种均衡情形下，不等号严格成立。这意味着，在分散经济中存在着过度债务负担。

这里投资无效率的根源在于企业家和消费者双边的有限承诺。从企业家有限承诺的角度，如果将 θ 的值设置为 1，企业家违约时消费者将获得所有产出，即将企业家的所有资产完全抵押给消费者。此时，分散经济将到达福利经济学中的最优配置，在第 0 期和第 1 期所有消费品都将转化为资本品用于投资。从消费者有限承诺的角度来说，其降低效率的根源在于，消费者第 1 期的不违约条件要求 $d_{1s} + d_{2s} \geqslant 0$。这意味着企业家拥有更少的资源来应对坏的情况，并且降低在第 1 期的投资额度。

二 Hart 和 Zingales（2015）的研究

他们考虑了一个四个时期 $t = \{1,2,3,4\}$ 的模型。经济中包含两种商品、小麦（消费品）和资本品。经济中包含两类风险中性的个体，即财务顾问和秘书。在第 1 期，所有个体都以一半的概率成为财务顾问或者秘书。所有个体在第 1 期都获得 $e \geq 1$ 单位的消费品禀赋。在第 2 期，秘书提供秘书服务，财务顾问不提供任何劳动，只购买秘书服务。在第 3 期，财务顾问提供财务咨询服务，秘书不提供任何劳动，只购买财务咨询服务。在第 4 期，财务顾问和秘书消费消费品，前三期都不消费。假定两个时期的劳动供给市场都是完全竞争的。

财务顾问和秘书的效用函数形式分别为：

$$U_f = w_f + s_f - \frac{1}{2}l_f^2 ; U_s = w_s + f_s - \frac{1}{2}l_s^2 \tag{4.5.6}$$

其中 s_f 表示财务顾问消费的秘书服务，f_s 表示秘书消费的财务咨询服务；w_i（其中 $i = f$），s，分别表示财务顾问和秘书消费的消费品数量；l_i（其中 $i = f$），s，分别表示财务顾问提供的财务咨询劳务和秘书提供的秘书服务。

经济面临不确定性，存在好（H）和差（L）两种状态，发生的概率分别为 π 和 $1 - \pi$，其中 $\pi \in (0,1)$。经济中存在两类技术，即无风险技术和具有风险的技术。无风险技术能够将第 1 期的消费品按照一比一的比例转换成第 4 期的消费品。风险技术在好的情况下，能将 1 单位第 1 期的消费品转化为 $R^H > 1$ 单位第 4 期的消费品，而在差的情况下转化为 $R^L < 1$ 单位的消费品。但是风险技术的期望产出生产率大于 1，即 $\bar{R} = \pi R^H + (1 - \pi) R^L > 1$。假定好和差的经济情况是可以验证的。

为了考察市场完全性与效率之间的关系，分四种情形讨论。第一种情形，假定没有消费品和投资，以及财务顾问第 3 期的劳动收入是可以抵押的，那么，得到的均衡就是传统的瓦尔拉斯均衡。财务咨询服务和秘书服务的价格、财务顾问和秘书的劳动报酬、财务咨询服务和秘书服务的供给量都等于 1。两类经济主体的经济剩余相同，都等于 $\frac{1}{2}$。此时的均衡是最优的（First-best）。第二种情形，考虑了将消费品作为交易中介和价值储存手段的情形。此时，经济的效率取决于消费品禀赋的大小。如果禀赋 $e > 1$，则能够提供足够的流动性，均衡结果与第一种情形完全一致，从效率和福利分配角度来讲也是最优的。但当禀赋 $e < 1$，由于交易中介的不足，不能提供足够多的流动性，交易较低，经济的效率降低。第三种情形，假定财务顾问在第 2 期能够利用隔期抵押第 3 期的劳动报酬，此时，得到的阿罗 - 德布鲁均衡，与前面二者的效率相同。

这里着重讨论第四种情形，即财务顾问和秘书不能实现隔期抵押的情况。此时，在第 1 期，财务顾问的问题可以表述为：

$$\max_{\{x_f^H, x_f^L\}} \pi \left[\frac{x_f^H}{p_s^H} + \frac{1}{2}(p_f^H)^2 \right] + (1 - \pi) \left[\frac{x_f^L}{p_s^L} + \frac{1}{2}(p_f^L)^2 \right]$$

$$s.t.\ q^H x_f^H + q^L x_f^L \leqslant e,$$

$$x_f^H \geqslant 0, x_f^L \geqslant 0 \qquad\qquad (4.5.7)$$

而秘书在第 2 期的最优化问题可以表述为：

$$\max_{\{x_s^H, x_s^L\}} \pi \left[\frac{x_s^H}{p_f^H} + \frac{1}{2}\left(\frac{p_s^H}{p_f^H}\right)^2 \right] + (1 - \pi) \left[\frac{x_s^L}{p_f^L} + \frac{1}{2}\left(\frac{p_s^L}{p_f^L}\right)^2 \right]$$

$$s.t.\ q^H x_s^H + q^L x_s^L \leqslant e,$$

$$x_s^H \geqslant 0, x_s^L \geqslant 0 \qquad\qquad (4.5.8)$$

在这种情形下，如果世界处在 H 状态，财务咨询服务和秘书服务的价格等于 1，$x_f^H \geqslant 1$。由于已知 $R^H > 1$ 和 $e \geqslant 1$，则 $2eR^H \geqslant 1$。这意味着在 H 状态下，财务顾问具有足够的流动性以支撑有效的交易，使得整个经济的效率是最优的。

但是如果世界处于 L 状态，那么，情况就变得比较复杂。如果 $2eR^L \geq 1$，此时，由于禀赋足够多，在第 1 期仍然能够给财务顾问提供足够的流动性。此时，经济的配置仍然是最优的。如果 $1 > 2eR^L \geq \{[(1-\pi)/\pi][(1-R^L)/(R^H-1)]\}^{4/3}$，此时相对最优配置来说，投资是有效的，但市场上交易的财务咨询服务和秘书服务低于最优水平，即是无效率的。最后，如果 $2eR^L < \{[(1-\pi)/\pi][(1-R^L)/(R^H-1)]\}^{4/3}$，此时不论是投资水平还是财务咨询服务或秘书服务水平都低于最优水平。

在 Hart 和 Zingales（2015）的研究模型中，低效率的根源在于经济主体的劳动收入不能作为抵押。当劳动收入不能完全抵押时，即便债券市场是完备的，竞争均衡也是低效率的。均衡中，市场投资过多的资源用于安全证券，而风险投资则显得不足。只要债权人不能强迫任何人去工作，即便劳动市场收缩，这个结论仍然是成立的。

根据前面两篇文章的分析，可以发现这两篇文章的异曲同工之处。在 Lorenzoni（2008）的研究中，均衡特征是过低的资产价格、过高的事前杠杆以及过低的预防性储蓄。而 Hart 和 Zingales（2015）的均衡特征却是过高的资产价格、过低的风险资产投资和过高的预防习惯储蓄。尽管有所不同，其基本逻辑都是一致的，即在信贷市场不完备的条件下，企业家遭受信贷约束而降低投资，进而减少社会总产出；企业家和投资者对资本品估值的不同，使得在不同约束程度下均衡资本品的需求结构不同，进而加剧资本市场的波动性。这一基本逻辑与本书的研究完全一致，只是本书主要考虑了预防性储蓄，而 Lorenzoni（2008）、Hart 和 Zingales（2015）主要讨论的分别是借贷契约的完备性与债券市场的完备性。

第六节　小结与政策建议

在不完备市场条件下，流动性约束具有显著的经济影响。企业家和投资者对资产估值的不同以及对未来投资报酬预期的不同，将会加剧资本市场的波动性，降低投资总额和社会总产出。本章构建了一个简单的三个时期经济模型，深入讨论了信贷市场不完备、流动性约束与投资效率三者之间的关系，并与相似的两篇文献进行了简单的对比分析，试图发现不完备市场下投资效率低的根本原因。主要研究结论如下。

第一，本章的研究验证了 Geanakoplos 和 Polemarchakis（1986）的一个核心论点，即在信贷市场不完备的条件下，财富分配会影响市场均衡的效率。如果在第二个时期具有良好投资机会的企业家具有充分的禀赋，则信贷市场完备与否对整个经济的效率没有任何影响。因为企业家始终拥有足够的资金从投资者处按照不低于其边际转换率的价格购买资本品进行投资生产，使整个经济的资源配置达到最优状态。但如果企业家不具备足够的禀赋，而信贷市场又不完备，企业家不能通过抵押下一期的产出或者发行债券进行融资，那么，企业家就受到流动性约束，导致第二个时期企业家投资不足并使得整个经济的产出下降，资源配置无效率。

第二，在给定禀赋的前提下，信贷市场的完备性是导致影响资源配置效率的关键因素。不论是本书的模型还是 Lorenzoni（2008）或者 Hart 和 Zingales（2015）的研究，如果不能在事前交换契约对生产或投资阶段的流动性约束进行保险，最终经济的资源配置都是低效率的。通过本书模型与 Lorenzoni（2008）、Hart 和 Zingales（2015）两篇文章的比较可以发现，在分析信贷市场完备性和效率间的关系时，是否引入不确定性并不会产生实质性影响，而信贷市场的完备性才是关键变量。

第三，信贷市场的不完备性不仅会影响资产配置的效率，而且会影响资本品价格的波动，加剧金融市场的不稳定性和脆弱性。在本章构建的模型中，资产价格与投资额度正相关。当企业家禀赋较高、储蓄较多时，企业家能够购买更多的资本品，提高资本品均衡市场价格。但是当企业家禀赋不足、预防性储蓄较少时，企业家只能通过抛售资产来融资。此时，由于投资者对资本品估值较低，即由于异质性的估值结构，资本品的均衡市场价格也较低。

结合本章的研究内容和主要研究结果，这里提出如下政策建议。

第一，进一步完善金融市场。规范投资信贷环境，完善投资信贷市场，降低经济运行中的流动性约束程度，让更多的投资者能够有充足的资金投资生产率更高的项目，真正提高企业家的投资效率。大力发展状态依存契约的借贷合约，让有潜力的企业家能够利用未来的收入进行抵押借款，并平滑资本品价格的波动幅度。

第二，建立合理的财政政策和税收制度，通过合理收入分配和税收政策为市场提供流动性。通过合理的税收制度和财政补贴，调整经济中主体的禀赋分配，让企业家拥有足够的流动资金进行周转，提高整个经济的投资和运行效率。

第三，稳定市场和投资收入预期，降低企业家面临的不确定性。尽管不受流动性约束的投资者能够通过借贷平滑消费和投资，但受到流动性约束的企业家却容易在面临投资机会时难以筹措到足够的资金进行投资，特别是在经济下行时期，其面临的流动性约束常常更紧。本章研究表明，预期可支配收入对受约束企业家的投资行为具有重要影响，因此，稳定市场预期和优化投资环境，降低企业家所面临的不确定性，能够有效促进信贷市场的发展，投资者更加愿意将资金借给企业家。投资者流动性约束的缓解，反过来能够进一步稳定资本市场，降低资产价格的波动性。

第五章
异质信念、内生杠杆与周期

　　当前中国经济增长从注重速度的阶段进入注重质量和效益的阶段，经济增长速度有所下降，金融机构和企业的高杠杆及其带来的风险逐渐成为学者们广泛讨论的话题。纵观全球金融发展的历史，可以发现，多数股灾甚至金融危机发生的前夕，都存在着杠杆肆意扩大的现象，而当时的监管部门对杠杆监管的重视程度往往显得不够。这些杠杆既可能来自实体经济，也可能存在于证券市场。在次贷危机中，美国房地产市场的杠杆起着举足轻重的作用，而 2015 年中国股灾中主要依赖于证券市场的杠杆。

　　根据以往的研究，发达的金融体系能够有效分散风险，并促进经济增长。但在次贷危机之后，很多学者对金融与实体经济的一些内在理论问题进行了全新的检视。理论研究从简单的分散风险和促进增长，逐步转向二者之间的非线性关系或更复杂的内生关联机制。很多学者开始重视危机前的高杠杆和危机后的去杠杆化过程。这个过程与实体经济间周期性现象具有紧密联系。2015 年中国股票市场的繁荣与崩溃，几乎完美呈现了这个周期过程。危机过后，金融杠杆和经济周期之间的关系又一次成为宏观经济研究的焦点。

　　本章基于 Geanakoplos（2010）、Simsek（2013）以及 Fostel 和 Geanakoplos（2015）的工作，从异质信念和抵押借款出发，分析了杠杆形成机制以及杠杆在不同信息冲击下的繁荣和崩溃的过程，并讨论了信念概率分布形状、信念概率差异程度、事实违约和预期违约对杠杆率和资产价格的影响。本章内容安排如下。第一节是文献综述。第二节基于异质信念和抵押借款，讨论了杠杆形成的基本机制，并进行了比较静态分析，考察了乐观交易者信念分布形状，以及两类交易者之间的信念差异程度对杠杆和资产价格的影响。第三节主要通过介绍 Fostel-Geanakoplos 广义不违约定理，讨论事实违约和预期违约对杠杆和资产价格的影响。第四节在一个简单的二叉树经济模型中分析了杠杆形成、繁荣和崩溃的周期过程，主要研究了异质信念和消息在该过程中的主要作用。第五节主要讨论相关主题的一些实证问题。第六节则是小结与政策建议。

第一节　文献综述

首先，明确金融杠杆的概念。从微观角度，金融杠杆主要从家庭、企业、金融机构或者政府部门的负债程度进行度量，常见的指标包括资产负债比、权益负债比以及资产权益比等。从宏观角度，由于私人部门信贷反映一个经济体的总体负债情况，而 GDP 反映一个经济体的总体收入水平，因此，私人部门信贷占 GDP 的比重常常用于度量一个经济体的宏观杠杆比率。目前，关于金融杠杆的文献比较多，主要集中在三个方面：第一，金融杠杆与经济增长之间的关系；第二，杠杆的周期性质与金融稳定性之间的关系；第三，银行杠杆的周期性质。接下来本节从这三个方面简要梳理相关文献。

金融杠杆与经济增长之间的关系。Rioja 和 Valev（2004）以及 Shen 和 Lee（2006）分别分析多个国家的面板数据，采用动态 GMM 模型、固定效应模型和最小绝对值偏差模型等进行研究，发现金融发展总体上有助于 GDP 增长，但是过高的金融杠杆可能给经济增长带来负面影响。Reinhart 和 Rogoff（2010）利用公共部门债务占 GDP 的比重度量公共部门杠杆，利用 44 个国家的数据研究了政府债务与 GDP 增长之间的关系。研究发现，当公共部门债务占 GDP 的比重低于 90% 时，政府债务和 GDP 增长率之间表现出较弱的正相关；但当该比重高于 90% 时，政府债务和 GDP 增长率之间则变为负相关。Mendoza（2010）将抵押约束纳入模型，建立了一个均衡商业周期模型，研究发现，在经济扩张时期杠杆率会上升，但是当杠杆率上升到抵押约束限制的门槛时，会触发 Fisherian 通缩机制，并导致信贷总额、抵押资产的价格和数量都下降，进而导致产出下降和要素配置失败。Cecchetti 和 Kharroubi（2012）分别从产业和国家层面进一步研究了金融发展与经济增长的关系。研究发现，当杠杆率低于一定阈值时，金融杠杆的上升对经济增长有拉动作用；而当杠杆水平超过该阈值后，杠杆率的继续上升会对经济增长产生负向作用。此外，他们还发现，金融杠杆和经济波动之间也存在着相似的非线性关系。Korinek 和 Simsek（2016）在新凯恩斯模型框架下研究了由杠杆推动的流动性陷阱及其宏观政策应对效果。他们发现，在应对过度杠杆问题的时候，宏观审慎政策的效果要优于紧缩性的货币政策。

杠杆的周期性质与金融稳定性之间的关系。Adrian 和 Shin（2010）从投资者最大化货币财富效用的角度，分析了金融杠杆与总体流动性之间的关系，研究发现，金融杠杆的顺周期性是导致金融体系不稳定的一个重要原因。Wagner（2010）的研究表明，如果一个金融体系的杠杆过高，则可能导致资源错误配置，使经济出现过低储蓄和过度投资的现象，从而降低金融和实体经济的稳定性，增大实体经济和金融风险。Era 和 Narapong（2013）利用 110 个发达国家和发展中国家的面板数据，研究了金融深化对宏观经济稳定性的影响。研究发现，当私人信贷占 GDP 的比重高于 1 时，金融杠杆的上升将显著加剧宏观经济的不稳定性。Manganelli 和 Popov（2015）利用 28 个 OECD 国家 1970—2007 年的数据，从部门再分配的角度研究了金融发展对 GDP 增长率波动的影响。

银行杠杆的周期性质。Adrian 和 Shin（2010）、Beccalli 等（2013）

以及 Laux 和 Rauter（2016）等的研究发现，美国的商业银行和投资银行都存在不同程度的顺周期性质。Baglioni 等（2013）通过分析欧洲银行的大样本数据发现，欧洲的银行杠杆也存在显著的顺周期现象。特别是投资银行杠杆的顺周期程度明显高于传统的商业银行。Giordana 和 Schumacher（2013）通过分析卢森堡 2003—2010 年的数据发现，卢森堡的银行也存在明显的顺周期性质。Dewally 和 Shao（2013）通过分析 49 个国家金融机构的资产负债表数据发现，不论是发达国家还是发展中国家，金融机构都存在明显的顺周期性质。

第二节　异质信念与杠杆形成

一　基本背景

考虑两个时期，即 $t = \{0,1\}$ 的经济。假定经济中只有一种消费品 c 和一种资产 a。将消费品的价格规范化为 1，则可以将其模型化为经济中的货币。假定这个经济具有一个连续统的交易者。由于本节主要讨论不同的信念及其概率分布对杠杆形成和杠杆率变化的影响，因此，为了避免风险偏好和保险带来的影响，这里假定所有的交易者都是风险中性的。这些交易者在 $t = 0$ 期具有禀赋，但是只在 $t = 1$ 期进行消费。在 $t = 0$ 期，交易者具有两种投资选择。一种是无风险投资，即将消费品直接保存，不考虑消费品的易损性，在 $t = 1$ 期回收不变数量的消费品。假定消费品的供给是有弹性的，其存在的主要目的在于修正无风险利率，使其能够被正规化为 0。另一种是风险投资，即将消费品用于购买风险资产。假定风险资产由模型外的第三方供给，供给是无弹性的，仅在 $t = 0$ 期供应 1 单位资产。

假定在 $t = 1$ 期，经济存在一个连续统的可能的自然状态 $s \in S = [s^{min}, s^{max}]$，其中 $0 \leq s^{min} < 1 < s^{max}$。假定风险资产的回报率与经济的自然状态是完全线性相关的。这意味着，如果在 $t = 0$ 期投资 1 单位风

险资产，则在 $t = 1$ 期的自然状态 s 下，产生 s 单位消费品的收益。交易者对经济状态具有异质性的先验信念。假定根据对经济状态的信念分布，可以将交易者分为两类，即乐观的交易者和悲观的交易者，分别利用 $i = 1$ 和 $i = 0$ 表示两种类型的交易者。为了简便，分别将两类交易者的数量规范化为 1。记两种类型交易者对 $t = 1$ 期经济状态的先验信念的概率累积分布函数和概率密度函数分别为 F_i 和 $f_i, i \in \{0, 1\}$，并且假定累积分布函数连续且都一阶可导。假定乐观者对未来经济状态具有更好的预期。如果用 $E_i(\cdot)$ 分别表示两种类型交易者对 $t = 1$ 期资产投资收益的预期，则有：

$$E_1(s) > E_0(s) \qquad (5.2.1)$$

为了排除不同交易者自身资产净值差异的影响，这里假定每类交易者的消费品禀赋相同，都为 η。假定资产的供给是无弹性的，在 $t = 0$ 期，资产的外生总供给为 1 单位。资产可以在 $t = 0$ 期交易，记通过交易，内生决定的风险资产价格为 p。因此，在这个模型中，由于对未来经济状态预期的差异，乐观的交易者是风险资产自然而然的购买者，甚至可能会从悲观的交易者处借消费品来投资风险资产，而悲观的交易者是消费品自然而然的选择者，可能会从乐观交易者处借风险资产进行卖空交易，获取利润。

假定两类交易者都只在 $t = 1$ 期消费，为了避免来自消费和偏好方面的干扰，本节假定在消费上没有任何的不确定性，且两类交易者的消费偏好相同。记二者的偏好为 $E(c_i^1)(i = 0), 1$。

二　借贷合约

一个规范的借贷合约常常包括两个部分：偿还承诺和抵押担保。这里首先采取一种广义的形式，假定可以采用消费品抵押和风险资产抵押两种形式，因此，一个相对规范的借款合同可以描述为：

$$\beta \equiv \{[\varphi(s)]_{s \in S}, \alpha, c\} \tag{5.2.2}$$

其中 $\varphi(s) \geq 0$，为承诺偿还的消费品数量，依赖于经济状态 s；$\alpha \geq 0$，为抵押的风险资产数量；$c \geq 0$，为抵押的消费品数量。

对于一份借款合约，如果借款者没有违约，则在 $t = 1$ 期偿还金额 $\varphi(s)$。如果违约，则将价值为 $\alpha s + c$ 的抵押品的所有权转让给贷款者。如果在 $t = 1$ 期，$\varphi(s) > \alpha s + c$，则借款者将会违约，贷款者只能获得抵押品的价值 $\alpha s + c$。因此，一份借款合约的预期回报为：

$$\min[\alpha s + c, \varphi(s)] \tag{5.2.3}$$

这个框架可以兼容实际中很多种抵押借款合同。如果令 $\varphi(s) = \varphi$，其中 $\varphi \in R_+$，这就是一个标准的简单借款合约。还款的数额固定，不依赖于下一期的经济状态。如果令 $\alpha = \emptyset(s)$，其中 $\emptyset(s) \in [0, s]$ 表示借款者的破产清算价值，这就是接近于本书第四章提到的 Lorenzoni (2008) 文中的借款合约。如果借款者违约，就将遭到破产清算，清算价值用于偿还贷款者的债务。如果令 $\varphi(s) = \varphi s$，其中 $\varphi \in R_+$，这就是一个空头合约。在合约到期日，借款者将偿还 φ 单位的风险资产。

假定偿还承诺函数 $\varphi(s)$ 有界，那么可以将借贷合约定义在一个巴拿赫空间：

$$B = \{[\varphi(s), \alpha, c] \mid \varphi : S \to \mathbb{R}_+ \text{ 是可测量且有界的}, \alpha \in R_+, c \in R_+\} \tag{5.2.4}$$

关于借贷合约在交易者之间的实现方式常常被研究者们分为两类。一类是假定交易者中的一方相对另一方具有更强的议价能力。其中常常假定借款者具有议价能力是一种更加普遍的方式，这也是本书在第三章介绍信贷约束的微观基础时采用的方式。因此，为了保持全文逻辑的一致性，本章也假定借款者具有议价能力。那么，借贷合约可以通过借款者向贷款者发送要约，以满足贷款者参与条件的方式实现借款。

另一种普遍的方式是，假定借贷合约可以在市场上自由交易，对于给定的借款金额和偿还方式，通过市场价格来决定能够借款的金额。如果放在本节，则假定借款合同在一个完全竞争的市场以匿名的方式进行交易。因此，借款合同的价格是内生决定的，记为 $q(\beta)$。如果一个交易者出售一份借款合约，那么，他将从购买者借入 $q(\beta)$ 单位消费品，并将 α 单位的资产和 γ 单位的消费品留作抵押品。如果一个交易者购买了一份借款合约，那么，他将借出 $q(\beta)$ 单位消费品，并获得在 $t = 1$ 期向合约出售者索取 $\varphi(s)$ 单位消费品的权利。事实上，这两种不同合约的实现方式带来的均衡常常是等价的。Simsek（2013）在他的研究中也证明了这一点。

三 均衡

为了简便，这里考虑简单的借款合约，即固定偿还金额，因此，借贷合约的空间可以重新写为：

$$B^D \equiv \{[\varphi(s) = \varphi]_{s \in S}, \alpha = 1, c = 0 \mid \varphi \in R_+\} \tag{5.2.5}$$

该合约的含义为固定偿还承诺，即不论 $t = 1$ 期经济状态如何，都将偿还固定数额的消费品。假定抵押品只包括资产，而没有消费品。另外，为了简便，也将抵押资产标准化为 1。这个合约意味着单位净资产债务为 φ。根据前面的分析，在这个合约框架下，借款者在 $t = 1$ 期，实际偿还金额为 $\min(\varphi, s)$。

假定借款者具有议价能力，因此，可以通过委托代理问题来求解模型的均衡。借款者在满足借贷抵押约束和悲观者参与激励相容条件下选择最优借款合约，并决定投资类型和数量。

为了简便，这里引入一个简单的假定。

假定 5.1：$E_1[s] - s^{\min} > \eta > E_1[s] - \eta$。

假定 5.1 中不等式的第一部分意味着乐观的交易者在均衡中没有足够的资金满足他们的资产需求，而第二部分意味着悲观的交易者有足够的剩余资金供乐观的交易者借款。在假定 5.1 中，意味着均衡的资产价格 $p \in (E_0[s], E_1[s])$。由于资产价格高于悲观交易者的预期，因此，悲观的交易者会选择出售资产。而由于资产价格低于乐观的交易者的预期，因此，乐观的交易者会选择借款购买资产，进行杠杆投资。这就是异质性预期下，经济中杠杆的根本来源。

命题 5.1：在本章给定的模型背景中，两类交易者对未来经济状态预期的不同是产生杠杆的必要条件。

证明：省略。

由于 $p < E_1[s]$，乐观的交易者只会投资风险资产。记 a_1 为乐观交易者在 $t = 0$ 期的资产需求。同时由于 $p > E_0[s]$，因此，悲观的交易者只会持有消费品。给定资产的交易价格 p，结合乐观者的预算约束和悲观交易者的参与约束，乐观交易者的问题可以描述为：

$$\max_{\{a_1,\varphi\}} a_1 E_1[s] - a_1 E_1[\min(s,\varphi)]$$

$$s.t.\ a_1 p = \eta_1 + a_1 E_0[\min(s,\varphi)];$$

$$a_1 \geqslant 0, \varphi \geqslant 0 \tag{5.2.6}$$

根据借贷合约，可知 φ 表示单位资产对应的债务，而偿还的最低额度为 $\min(\varphi,s)$。根据悲观交易者的参与约束和乐观者的预算条件，可知乐观交易者的借款量为 $E_0[\min(s,\varphi)]$。因此，乐观交易者的最优化问题相当于选择风险资产和借款的资产组合，来最大化 $t = 1$ 期的消费。

由于资产供给固定，因此，资产市场出清的条件为 $a_1 = 1$。结合前面的分析，可以明确定义这个经济的均衡。

定义 5.1：在假定 5.1 的条件下，如果一个包含资产价格 p 和乐观交易者资产组合 (a_1,φ) 的配置 $\{p;(a_1,\varphi)\}$ 能够同时满足乐观交易者的最优化问题和资产市场出清条件，那么称该配置为经济的一个均衡。

给定均衡的定义后，接下来笔者将试图求解均衡和刻画均衡的基本特征。到目前为止，本节还未对两类交易者关于 $t = 1$ 期经济状态的信念概率分布做出进一步的假定。为了强调和突出信念的分歧，我们关于两类交易者的信念概率分布函数做出进一步假定。

假定 5.2：对于任意 $s \in (s^{\min}, s^{\max})$，概率分布 F_1 和 F_0 满足以下条

件，函数

$$H(s) = \frac{1 - F_1(s)}{1 - F_0(s)}$$

在区间 (s^{min}, s^{max}) 单调严格递增。

对于任意给定的 $s \in (s^{min}, s^{max})$，我们称 $[s, s^{max}]$ 为上阈值事件。假定 5.2 的含义是，随着阈值 s 的提高，信念在上阈值事件中乐观交易者比悲观交易者的相对概率也会提高。这意味着，随着状态变得越好，两类交易者对未来状态的信念差异绝对值变得越大，即当未来状态比较差时，两类交易者预期未来风险资产报酬率比较接近，但当未来状态比较好时，两类交易者预期未来风险资产报酬率相差比较大。这意味着相对肥尾的假定，而且该假定也与本章第四节研究杠杆周期保持一致。因为在该假定下，一个好的消息更容易引起资产价格上升和经济繁荣。

本节分两个步骤来求解模型的均衡：第一步，在给定资产价格的前提下，求解乐观交易者的最优合约选择和资产配置；第二步，结合资产市场出清条件，求解均衡的资产价格。

根据借贷合约可知 φ 表示单位资产对应的债务，而偿还的最低额度为 $\min(\varphi, s)$。令 $\bar{s} = \varphi$，则在 $t = 1$ 期，当资产价值低于 $\bar{s}$ 时，借款者将会违约，根据借款合约用抵押品偿还债务；而当资产价值高于 $\bar{s}$ 时，借款者将会履行合约，偿还债务。因此，某种程度上 $\bar{s}$ 能够衡量贷款风险，用于划分会违约和不会违约的两类交易者。根据悲观交易者的参与约束，可知乐观交易者能借到的消费品数额为 $E_0[\min(\bar{s}, s)]$，这可以称为借款规模。因此，显然可知，借款规模随着借款风险的增加而增加。将乐观交易者最优化问题中的约束条件代入最大化式子，并用 $\bar{s}$ 替代 φ，可以将其改写为最大化 $nR_1^L(\bar{s})$，其中，

$$R_1^L(\bar{s}) \equiv \frac{E_1[s] - E_1[\min(\bar{s}, s)]}{p - E_0[\min(\bar{s}, s)]} \tag{5.2.7}$$

表示乐观交易者的杠杆收益率。通过对上式求导，并将一阶条件代回上

式，可以得到，对于给定资产价格 p，乐观交易者选择最优合约应当满足以下条件：

$$p = p^{opt}(\bar{s}) \equiv \int_{s^{\min}}^{\bar{s}} s dF_0 + [1 - F_0(\bar{s})] \int_{\bar{s}}^{s^{\max}} s \frac{dF_1}{1 - F_1(\bar{s})} \qquad (5.2.8)$$

将上式右边的积分理解为期望，则上式意味着，对于给定的 $\bar{s}$，资产的价格由边际交易者（介于违约和不违约之间的交易者）的无差异条件决定。为了便于后文直接运用该结论，这里对其进行改写，记为：

$$p^{opt}(\bar{s}) = F_0(\bar{s}) E_0[s \mid s < \bar{s}] + [1 - F_0(\bar{s})] E_1[s \mid s \geqslant \bar{s}] \qquad (5.2.9)$$

将资产市场出清条件 $a_1 = 1$ 代入乐观交易者最优化问题的约束条件，可以得到关于资产价格的另一个条件：

$$p = p^{mc}(\bar{s}) \equiv n + E_0[\min(\bar{s}, s)] \qquad (5.2.10)$$

式（5.2.8）和式（5.2.10）对应两个未知参数，可以求解出均衡中乐观交易者的最优资产配置。因此，可以得到以下关于经济均衡的命题。

命题 5.2：对于给定的简单借贷合约空间 B^D，以及假定 5.1 和假定 5.2 成立，存在且唯一存在一个均衡配置 $\{p^*, (a_1^* = 1, \bar{s}^*)\}$。

证明：先证明均衡的存在性。均衡的存在性已经由前面的推导过程证明，要求 $(p^*, \bar{s}^*)$ 是方程（5.2.8）和（5.2.10）的解，而 $a_1^* = 1$ 来自资产市场出清条件。

然后证明均衡的唯一性。均衡的唯一性主要针对式（5.2.8）和式（5.2.10）构成方程组解的唯一性。对式（5.2.8）关于 $\bar{s}$ 求导，并将假定 2 代入其中，可以发现 $p^{opt}(\bar{s})$ 关于 $\bar{s}$ 的单调递减函数，且满足 $p^{opt}(s^{\min}) = E_1[S]$ 和 $p^{opt}(s^{\max}) = E_0[S]$。又根据式（5.2.10）可以发现单调递增函数，且 $p^{mc}(s^{\min}) = \eta_1 + E_0(s^{\min})$。结合假定 1，可以发现这两个方程表示的曲线在 $(s^{\min}, s^{\max})$ 存在唯一的交点，即说明均衡是唯一的。证毕。

四 比较静态：杠杆率与信念分布

前面已经确定了模型的均衡，接下来本节主要讨论关于杠杆率的一些性质和进行比较静态分析。

结合前文的背景和杠杆率的定义，乐观交易者的杠杆率可以表示为：

$$LR = \frac{p}{p - E_0[\min(s, \bar{s}^*)]} \tag{5.2.11}$$

其中 $E_0[\min(s, \bar{s}^*)]$ 为乐观交易者的借款，因此，分母表示乐观交易者持有每单位资产对应的自有资金。分子为乐观交易者持有每单位资产需要的总资金。以上这种杠杆率的表达方式，相当于杠杆率的一般公式中分子和分母同时除以持有的资产数量。为了便于后文的比较静态分析，将式（5.2.10）代入以上定义式，可以得到 $LR = p/n$。

根据前面的分析，发现决定均衡的两个公式（5.2.8）和（5.2.10）在 $(p, \bar{s})$ 二维图形中都是连续的，因此，这使得在做比较静态分析时不用担心均衡存在的问题。首先，为了简便，我们采用一种离散的比较静态方法分析信念分布变化，主要是乐观者的信念概率分布函数变化对杠杆率的影响。然后，本节再利用数学中随机占优的概念进行更加规范的分析。

为了便于分析，我们先非正式地引入一个乐观主义上偏的概念。

定义 5.2：对于给定的经济状态 S，关于乐观交易者对经济状态 S 的先验概率分布，如果分布 F_i 满足以下两个条件：

（1）$E_i[s] = E_1[s]$，即累积分布函数 F_i 和 F_1 对应信念分布的期望相同；

（2）函数 $\tilde{H}(s) = \dfrac{1 - F_i(s)}{1 - F_1(s)}$ 在区间 $[s^{\min}, s^{\max}]$ 上单调递增。

则称分布 F_i 相对于分布 F_1 更加乐观主义上偏。

乐观主义上偏意味着乐观交易者关于经济状态 S 的信念分布的概率密度函数曲线变得更加向右上方倾斜。由于两个分布的均值相同，因此，两类分布代表的交易者对 $t=1$ 期资产价值估值的期望相同。结合定义的第 2 个要求，可知两个分布的概率密度函数曲线在区间 $[s^{min},$ $s^{max}]$ 具有唯一的交点，记为 s^{R}。在区间 $[s^{min}, s^{R})$ 上，分布 F_{1} 对应的交易者具有更低的风险率，即在此区间上，其对应的交易者比 $F_{\tilde{1}}$ 更加乐观；反之，在区间 $(s^{R}, s^{max}]$ 上分布 $F_{\tilde{1}}$ 具有更低的风险率，即在此区间上，其对应的交易者比 F_{1} 对应的交易者更加乐观。

命题 5.3：对于给定的均衡，如果乐观主义更加向上倾斜，即如果 F_{1} 变成 $\tilde{F}_{1}$，那么，资产价格 p 和贷款风险 $\bar{s}^{*}$ 都会增加，杠杆率 LR 也会上升。

证明：记函数

$$g(\bar{s}) = E_{\tilde{1}}[s|s \geq \bar{s}] - E_{1}[s|s \geq \bar{s}]$$

显然 $g(s^{min}) = g(s^{max}) = 0$ 成立。在区间 (s^{min}, s^{max}) 上对函数 $g(\bar{s})$ 求导，可得：

$$g'(\bar{s}) = \left[\frac{f_{\tilde{1}}(\bar{s})}{1 - F_{\tilde{1}}(\bar{s})} - \frac{f_{1}(\bar{s})}{1 - F_{1}(\bar{s})} \right] (E_{\tilde{1}}[s|s \geq \bar{s}]) + \frac{f_{1}(\bar{s})}{1 - F_{1}(\bar{s})} g(\bar{s})$$

根据乐观主义上偏定义中的第 2 条要求，可以发现，在区间 (s^{min}, s^{R}) 上，$g'(\bar{s}) \geq 0$；当 $\bar{s} = s^{R}$ 时，$g'(\bar{s}) = 0$；在区间 (s^{R}, s^{max}) 上，$g'(\bar{s}) \geq 0$。因此可以得到 $g(\bar{s})$ 函数的特征，即在 $\bar{s} = s^{R}$ 处达到最大值，但是在 $[s^{min}, s^{max}]$ 恒不为负。因此，在 $(\bar{s}, p)$ 二维图形中，将 F_{1} 变成 $F_{\tilde{1}}$，意味着 $p^{opt}(\bar{s})$ 曲线向右上方移动，而 $p^{mc}(\bar{s})$ 曲线保持不动。因此，将 F_{1} 变成 $F_{\tilde{1}}$ 后，对应的均衡沿着 $p^{mc}(\bar{s})$ 向右上方移动，即在新的均衡中 p^{*} 和 $\bar{s}^{*}$ 都更大。再结合杠杆率的函数形式，随着均衡资产价格的上升，杠杆率也增加。证毕。

定义 5.2 和命题 5.3 讨论了在给定期望值不变的条件下，信念分布向上偏对资产价格和杠杆率的影响。接下来将讨论乐观和悲观两类交易者信念差异变化对资产价格和杠杆率的影响。二者信念间相对差异变化的一个比较好的方式是，假定一类交易者的先验信念分布保持不变，而另一类交易者的先验信念分布发生变化。由于前面已经假定乐观交易者具有议价能力，在满足悲观交易者参与约束的条件下最大化乐观交易者的效用。因此，一个理所当然的处理办法是，固定住悲观交易者的先验信念分布，讨论乐观交易者先验信念分布的变化。为了便于分析，这里先引入一阶随机占优的概念。

定义 5.3：对于给定的经济状态 s，关于乐观交易者对经济状态的先验信念分布概率密度函数，如果分布 F_1 满足：

$$\forall s \in [s^{\min}, s^{\max}], F_1(s) \leq F_{\bar{1}}(s) \text{ 且 } \exists s \in [s^{\min}, s^{\max}], F_1(s) \leq F_{\bar{1}}(s)$$

则称 F_1 一阶随机占优于 $F_{\bar{1}}$。

被一阶随机占优或者一阶随机占优于的概念，意味着乐观交易者关于 $t = 1$ 期的信念整体更加悲观，而不是概率密度函数向上旋转倾斜。这意味着在整个 $[s^{\min}, s^{\max}]$ 区间，$E_{\bar{1}}(s) > E_1(s)$，乐观者关于 $t = 1$ 期资产收益的期望也下降。因此，如果乐观的交易者关于 $t = 1$ 期经济状态的先验概率分布由 F_1 变为 $F_{\bar{1}}$，那么，乐观交易者和悲观交易者之间关于未来预期的差异缩小。

命题 5.4：对于给定的均衡，如果乐观交易者变得更加全局性地悲观，即 F_1 变成 $F_{\bar{1}}$，乐观者与悲观者之间的信念差异下降，那么，资产价格 p 和贷款风险 $\bar{s}^*$ 都会降低，杠杆率 LR 也会下降。

证明：同样地，记函数：

$$g(\bar{s}) = E_{\bar{1}}[s | s \geq \bar{s}] - E_1[s | s \geq \bar{s}]$$

根据一阶占优关系的性质，可知对于任意 $\bar{s} \in [s^{\min}, s^{\max}]$，都有 $g(\bar{s}) \leq 0$。因此，在 $(\bar{s}, p)$ 二维图形中，将 F_1 变成 $F_{\bar{1}}$，意味着 $p^{opt}(\bar{s})$ 曲线向左下方移动，而 $p^{mc}(\bar{s})$ 曲线保持不动。因此，将 F_1 变成 $F_{\bar{1}}$ 后，对应的

均衡沿着 $p^{mc}(\bar{s})$ 向左下方移动，即在新的均衡中 p^* 和 $\bar{s}^*$ 都更小。再结合杠杆率的函数形式，随着均衡资产价格的上升，杠杆率也下降。证毕。

这个命题的含义是，在均衡中，资产价格及杠杆率与两类交易者信念的整体差异密切相关。当两类交易者对未来预期收益的整体差异越大时，资产价格越高，杠杆率越大。而当两类交易者关于未来经济状态的整体信念差异越小时，均衡资产价格越低，杠杆率越低。根据命题 5.3 不难得出一个极端的例子，即当两类交易者对未来经济的预期没有差异，信念是同质的时候，均衡中的杠杆率为 1，资产价格达到最低。

综合以上分析可以发现，不仅两类交易者对未来经济状态预期的整体差异影响资产价格，而且两类交易者对未来预期的分布形态的差异会影响资产价格和杠杆率。不论是两类交易者信念分布函数的形状，还是两类交易者对信念分布函数的均值，差异的扩大都会导致均衡资产价格和杠杆率的上升。

第三节　Fostel-Geanakoplos 广义不违约定理

Fostel-Geanakoplos 广义不违约定理是 Fostel 和 Geanakoplos（2015）研究的一个主要结论。该定理的核心观点是，在二叉树经济模型中，如果用金融资产抵押借款，那么，事实违约无关紧要，重要的是借贷双方对潜在违约的预期。本节引入该定理的主要目的在于分析信贷合约对均衡中杠杆率和资产价格的影响。为了尽可能完整地介绍 Fostel-Geanakoplos 广义不违约定理，本节的建模背景和符号设定可能与前后文不一致。但是为了保证行文逻辑的一致性，这里将尽量结合前后文做出适当调整。

考虑一个具有 $T+1$ 时期，$t = 0,1,\cdots,T$ 的经济。用一个有限的二叉树模型 $s \in S$ 表示经济状态的不确定性。记二叉树模型的起点为 s_0，终点集合为 S_T。用 $t(s)$ 表示状态 s 的时期，则 $t(0) = 0$ 和 $t(s)|_{s \in S_T} = T$。在

二叉树模型中，对于任意的 $s \neq s_0$，前面只有一个与之直接连接的节点，记为 s^-；对于任意非终点的节点 $s \in S \setminus S_T$，记其后面与之直接连接的节点集合为 $S(s^+)$。假定经济中具有不同类别的消费品 $l = \{1, \cdots, L\}$，以及不同类别的金融资产 $a = \{1, \cdots, A\}$。假定金融资产的投资回报和价格采用消费品的形式，记金融资产 k 在状态 s 下的回报率为 $d_s^k \in \mathbb{R}_+^L$，记 $q_s \in \mathbb{R}_+^L$ 表示状态 s 下消费品的价格向量，$p_s \in \mathbb{R}_+^K$ 为金融资产的价格向量。

记投资者的集合为 H。其中任取一个投资者 h，记其效用函数为 u^h，折现因子为 ρ_h，消费者认为经济状态从节点 $s \in S \setminus S_0$ 前面直接连接节点 s^- 转变到 s 的主观先验概率为 γ_s^h。记投资者 h 在状态 s 的消费品禀赋为 $e_s^h \in \mathbb{R}_+^L$，在起点 s_0 处金融资产禀赋为 $y_0^h \in \mathbb{R}_+^A$。假定效用函数 $u^h : \mathbb{R}_+^L \to R$ 单调连续可导且是凹函数。因此，投资者 h 的期望效用可以表示为：

$$E_h[U^h] = u^h(c_0) + \sum_{s \in S \setminus S_0} \rho_h^{t(s)} \bar{\gamma}_s^h u^h(c_s) \qquad (5.3.1)$$

其中 $\bar{\gamma}_s^h$ 为从 s_0 点到 s 点的先验概率，c_s 为状态 s 下的消费品消费量。

假定消费品和资产的生产技术不同。金融资产的生产过程是跨期的，或者说是上一期投入，当期才能收到回报。假定金融资产所有权的变更不影响资产价值和使用价值。金融资产的产出是红利，且生产过程是线性的。假定资产和消费品的生产过程是分离且相互独立的，这使得考虑资产担保时不那么复杂。假定消费品生产过程也是跨期的，上一期投入，下一期产出。假定生产函数是凹的，记消费品的生产函数形式为：

$$C_s^h : (\mathbb{R}_+^L)_{s^-} \to (\mathbb{R}_+^L)_s, \, for \, \forall \, s \in S \setminus \{0\} \qquad (5.3.2)$$

综合两类商品的生产过程，可以得到 h 在 s 点一个广义的生产可行性集合，$Z_s^h = (z_{sc}, z_{sy}) \subset \mathbb{R}^{L+A}$。其中 Z_s^h 是一个包含投入和产出的向量，小于 0 的元素表示该节点处的投入，大于 0 的元素为该节点处的产出。

假定信贷契约都是短期契约，期限都只有一期。债券市场是完全竞争的，记合约 j 在状态 $s(j)$ 下的价格为 π_j。这意味着投资者可以通过在债券市场上出售合约 j，获得借款 π_j，$j_{s'} \in R^L_+$ 抵押借款的合约空间可以表示为：

$$B_s = \{[\varphi(s) = j_{s+}]_{s \in S}, a_s = 1, 0 : j_{s+} \in R^L_+, a_s \in R^A_+\} \tag{5.3.3}$$

其含义为，在下一期偿还 $j_{s'}$ 消费品，并用 1 单位的金融资产作为抵押。由于借款者在下一期选择偿还时，是选择承诺的数额和违约抵押品转让带来损失者二者中的较小者，因此，根据最大最小法则，实际偿还数额为：

$$\min[q_{s+} \cdot j_{s+}, p_{s+a_s(j)} + q_{s+} \cdot d^{a_s}_{s+}] \tag{5.3.4}$$

这意味着，债券到期后，如果金融资产和分红价值低于承诺偿还的消费品价值，那么，借款者将会违约，用抵押的金融资产及分红偿还债务；如果金融资产和分红的价值高于承诺偿还的消费品价值，那么，借款者将不会违约，按照合同规定偿还规定数量和种类的消费品。

贷款价值比（Loan-to-Value Ratio，LTV Ratio）和杠杆率可以表示为：

$$LTV_j = \frac{\pi_j}{p_{s(j)a(j)}}, LR_j = \frac{1}{1 - LTV_j} = \frac{p_{s(j)a(j)}}{p_{s(j)a(j)} - \pi_j} \tag{5.3.5}$$

对于给定的消费品价格、资产价格和借贷合约价格向量 (q, p, π)，在状态 s 下，交易者的收入包括当期禀赋、上期产出、上期持有资产、红利和还款，支出包括消费、当期持有资产增加和借款。因此，交易者 h 的预算约束可以描述为：

$$B^h(q, p, \pi) = \{(z_c, z_y, c, y, \varphi) \in R^{SL} \times R^{SA} \times R^{SL}_+ \times R^{SA}_+ \times (R^{Js})_{s \in S \backslash S_T}\}$$

$$s.t.$$

$$q_s \cdot [c_s - e^h_s - F^h_s(c_{s-}) - z_{sc}] + p_s \cdot (y_s - y_{s-} - z_{sy})$$

$$\leq q_s \cdot \sum_{a \in A} d_s^a y_{s-a} + \sum_{j \in J_s} \varphi_j \pi_j - \sum_{a \in A} \sum_{j \in J_s^{a-}} \varphi_j \min(q_s \cdot j_s, p_{sa} + q_s \cdot d_s^a);$$

$$\forall s, (z_{sc}, z_{sy}) \in Z_s^h;$$

$$\forall a, \forall s \in S \backslash S_T, \sum_{j \in J_s^a} \max(0, \varphi_j) \leq y_s^a$$

其中 (z_c, z_y) 表示生产计划，c 和 y 分别表示消费品消费和资产持有量。预算约束的第一个条件意味着，在状态节点 s 处的当期消费减去当期禀赋，以前期和当期消费品产出或投入，加上当期资产持有增加量和当期资产产出或投入的和，不大于前期资产红利、借款额，再减去当期偿还金额的差。第二个条件则表示生产关系在生产可行性集合当中。第三个条件意味着，借款者应当具有足够的金融资产进行抵押担保。

在这个经济中，均衡为给定以上约束的条件下最大化效用函数式（5.3.1）。均衡可以描述为以消费品、资产和借贷合约的价格组合，以及消费品和资产的生产计划、消费和持有选择以及接待决策的如下配置。

$$\{(q, p, \pi), (z^h, c^h, y^h, \varphi^h)_{h \in H}\} \in (\mathbb{R}_+^L)_{s \in S} \times (\mathbb{R}_+^A \times \mathbb{R}_+^{J_s})_{s \in S \backslash S_T} \times$$

$$[\mathbb{R}_+^{S(L+A)} \times \mathbb{R}_+^{SL} \times \mathbb{R}_+^{SA} \times (\mathbb{R}^{J_s})_{s \in S \backslash S^T}]^H$$

这些配置应当满足以下要求：

（1）$\forall s, \sum_{h \in H} [c_s^h - e_s^h - F_s^h(c_{s\cdot}) - z_{sc}^h] = \sum_{h \in H} \sum_{k \in K} y_s^h d_s^k$ ；

（2）$\forall s \in S \backslash S_T, \sum_{h \in H} (y_s^h - y_{s\cdot}^h - z_{sy}^h) = 0$ ；

（3）$\forall j \in J_s, \forall h, \sum_{h \in H} \varphi_j^h = 0$ ；

（4）$\forall h, (z^h, c^h, y^h, \varphi^h) \in B^h(q, p, \pi)$ ；

（5）$\forall h, (z, c, y, \varphi) \in B^h(q, p, \pi) \Rightarrow U^h(c) \leq U^h(c^h)$ 。

其中第一个要求是消费品市场出清；第二个要求是资产市场出清；第三个条件是信贷市场出清；第四和第五个条件是指个体在预算约束限制下，最大化自身效用水平。在均衡中消费品市场、资产市场和承诺出清，交易者在自身预算约束下最大化自身期望效用。

定理 5.1：（Fostel-Geanakoplos 广义不违约定理）：记 S 是一个二叉树经济，即对于任意 $s \in S \setminus S_T$ 都有 $S(s) = \{sU, sD\}$。所有资产都是金融资产，借款合约期限都为 1。记 $\{(q, p, \pi), (z^h, c^h, y^h, \varphi^h)_{h \in H}\}$ 为一个均衡。假定对于任意状态 $s \in S \setminus S_T$，任意资产 $a \in A$，任意契约 $\beta \in B_s^a$，最大最小承诺 $(\bar{\lambda}\varphi_s U, \bar{\lambda}\varphi_s D)$ 能够被交易，那么，可以构建一个新的均衡 $\{(q, p, \pi), (z^h, c^h, \bar{y}^h, \bar{\varphi}^h)_{h \in H}\}$ 具有相同的资产、合约价格、生产和消费选择，其中只有最大最小契约能够交易。

其中 $\bar{\lambda} = \max\{\lambda \in R_+ : \lambda(q_{sU} \cdot \varphi_{sU}, q_{sD} \cdot \varphi_{sD}) \leqslant (p_{sUa} + q_{sU} \cdot d_{sU}, p_{sDa} + q_{sD} \cdot d_{sD})\}$。

广义不违约定理是 Fostel-Geanakoplos 二元不违约定理的一个推广，其应用范围也比后者广得多，可以兼容多种形式的偏好函数和任意数量个体禀赋。借贷合约是不是状态依存的，交易者持有的资产种类和消费的消费品种类以及交易者是否采用金字塔式投资法等，都不会影响其基本结果。这意味着对于给定的信念结构，经济体是否违约不会影响均衡中的资产价格和杠杆率，而对均衡资产价格和杠杆率造成影响的是交易双方对对方是否违约的预期。

由于广义不违约定理建立在两个非常严格的假定上，因此，该定理也具有较大的局限性。第一，假定资产不会直接进入交易者的效用函数，而且资产持有者不会影响资产的红利。第二，整个模型的背景是二叉树经济，所有借贷都是短期的，即当期借、下期还。这意味着债券期限非常短，而且债券的价值在短期内不会出现剧烈变动。

第四节　异质信念、信息与杠杆周期

从第三节可以发现二叉树经济模型在可解性方面具有很强的优势，是研究内生杠杆、消费和投资时简单实用的模型。因此，本节将采用最简单的二叉树担保模型。但是我们会简要说明这个二叉树担保模型是第二节模型中的一个特例。

一　模型背景

前文在异质信念的背景下讨论了杠杆的内生过程以及抵押贷款合约对杠杆的影响，并进行了比较静态分析。这里接着讨论杠杆周期过程。为了保证行文逻辑的连续性、一致性以及后文模型的可解性，这里将模型集中在第二节模型中的二叉树经济模型的特例。

与第二节一样，考虑杠杆形成先在两个时期的经济中进行分析，然后在分析杠杆周期时将模型拓展到三个时期。与所有二叉树经济模型相同，假定经济在 $t=1$ 期存在两种可能的状态，$s \in S = \{U, D\}$。交易者可以在 $t=0$ 期利用风险资产进行投资，在 $t=1$ 期回收资本。假定资产收益与经济状态之间的关系是完全线性的，如果 $t=1$ 期状态为 U，则将回收 U 单位的资产；如果状态为 D，则将回收 D 单位资产，其中 $U > 1 > D > 0$。因此，状态 s 刻画了 $t=1$ 期的风险资产回报率的不确定性。

同样地，假定交易者的异质性体现在不同交易者对状态的先验分布不同上，交易者可以根据其对自然状态 U 发生的概率的信念来划分类型。假定一个连续统的信念，类型 $h \in [0,1]$ 的交易者相信状态 U 发生的概率为 h。那么，类型为 h 的交易者认为状态 D 发生的概率为 $1-h$。假定信念分布是一个在 $[0,1]$ 上的均匀分布，关于交易者的类型，这里设定一个界限 $\hat{h} \in (0,1)$。当一个交易者的类型 $h < \hat{h}$，则称之为悲观者；当一个交易者的类型 $h > \hat{h}$ 时，则称之为乐观者。分别用 $i=1$ 和 0 标记乐观的交易者和悲观的交易者。假定每个交易者在 $t=0$ 期都具有一个消费品禀赋 $\eta > D$。同样，为了避免风险规避带来的影响，这里仍然保持前面交易者风险中性的假定。

因此，乐观的交易者和悲观的交易者对风险资产的平均期望回报率分别为：

$$\tilde{E}_1[s] = \frac{1+\hat{h}}{2}U + \frac{1-\hat{h}}{2}D, \tilde{E}_0[s] = \frac{\hat{h}}{2}U + \frac{2-\hat{h}}{2}D \tag{5.4.1}$$

显然 $\tilde{E}_1[s] > \tilde{E}_0[s]$。

二 均衡概念

1. 不存在杠杆的情形

先考虑没有杠杆的基准情形，即假定乐观交易者不能向悲观交易者借款的情形。根据第二节的分析，先验信念 $h > \hat{h}$ 的乐观交易者自然而然地选择投资风险资产，以获得更多的收益；而先验信念 $h < \hat{h}$ 的悲观交易者自然而然地选择直接持有消费品以避免损失。

这里与本章第二节相同，分两步推导模型的均衡。第一步，先在给定资产价格的前提下，求解乐观交易者的最优合约选择和资产配置；第二步，结合资产市场出清条件，求解均衡的资产价格。均衡通过根据边际交易者 $\hat{h}$ 的无差异条件，可以得到在 $t = 0$ 期，资产的价格为：

$$p = p^{opt} \equiv \hat{h}U + (1-\hat{h})D \tag{5.4.2}$$

这个条件与第二节式（5.2.9）完全保持一致。

在没有杠杆的情况下，乐观交易者的风险资产需求函数为：

$$a_1 = \frac{\eta}{p}(1-\hat{h}) \tag{5.4.3}$$

由于假定资产的供给是非弹性的，总供给数量为 1，因此，资产市场的出清条件为 $a_1 = 1$。因此，由资产市场出清决定的资产价格为：

$$p = p^{mc} \equiv \eta(1-\hat{h}) \tag{5.4.4}$$

结合式（5.4.2）和式（5.4.4）可以得到，在没有杠杆的情况下，

$$p^{noleverage} = \frac{\eta U}{\eta + U - D}, \hat{h}^{noleverage} = \frac{\eta - D}{\eta + U - D} \tag{5.4.5}$$

此时，经济的均衡配置为 $\left\{ p = \dfrac{\eta U}{\eta + U - D}; \left(a_1 = 1, \varphi = \dfrac{\eta - D}{\eta + U - D} \right) \right\}$。

2. 存在杠杆的情形

接下来，我们考虑存在杠杆的情形，即假定乐观交易者能够向悲观交易者借款。根据第三节的不违约条件，我们假定借款是完全担保的，即悲观交易者的预期借款回报为 D。因此，乐观交易者的杠杆报酬率为：

$$R(h) \equiv \frac{hU + (1-h)D - D}{p - D} \qquad (5.4.6)$$

而悲观交易者得到的收益率等于 1。

同样根据边际交易者的无差异条件，$R(\hat{h}) = 1$，得到资产的最优定价，该定价与式（5.4.2）相同。但市场出清条件发生变化，乐观交易者的风险资产总需求函数变为：

$$a_1 = \frac{\eta}{p - D}(1 - \hat{h}) \qquad (5.4.7)$$

根据资产市场出清条件 $a_1 = 1$ 得到，有资产市场出清条件决定的资产出清价格为：

$$p = p^{mc} = \eta(1 - \hat{h}) + D \qquad (5.4.8)$$

结合式（5.4.2）和式（5.4.8）得到，在乐观交易者可以借款的情形下，即存在杠杆的情形下：

$$p^{leverage} = \frac{\eta U + D(U - D)}{\eta + U - D}, h^{leverage} = \frac{\eta}{\eta + U - D} \qquad (5.4.9)$$

综合比较两种情况，可以发现 $p^{leverage} > p^{noleverage}, h^{leverage} > h^{noleverage}$。在可以借贷的条件下，杠杆使得乐观交易者抬高了资产的均衡价格。在均衡中，边际交易者也变得更加乐观。这意味着均衡的资产价格对杠杆和边际比较敏感。

三 杠杆周期

1. 模型拓展

为了完整地呈现杠杆的周期现象，这里将两个时期的经济模型拓展到三个时期，增加 $t = 2$ 期。假定风险投资回收期在 $t = 2$ 期，而不是 $t = 1$ 期。与两个时期时相同，经济状态存在不确定性，但由于期数的增加，状态空间也变大 $S = \{0, U, D, UU, UD, DU, DD\}$。与前文一样，利用 s^- 表示与状态节点 s 直接相连的状态，γ_s^h 表示 h 从状态 s^- 到 s 的概率。为了简便，我们假定所有交易者都认为状态之间的切换是相互独立分布的，特别是有 $\gamma_U^h = \gamma_{UD}^h = h$。由此得到三个时期的二叉树经济模型（见图 5 - 1）。

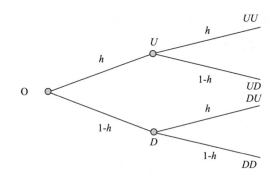

图 5 - 1　三个时期的二叉树经济模型

假定交易者没有耐心，最大化其期望消费品数量，记在状态 s 的禀赋为 e_s^h，消费量为 $c_s, y_{0^-}^h$ 为最开始的资产数量。因此，h 的期望效用为：

$$E(u^h) = u^h(c_0) + \sum_{s \in S \backslash 0} r_s^h u^h(c_s) = c_0 + \sum_{s \in S \backslash 0} r_s^h c_s \qquad (5.4.10)$$

假定两个时期中，只要至少一个时期具有好的消息，即状态序列为 $\{U, U\}$、$\{U, D\}$ 或者 $\{D, U\}$，则资产回报率为 1。如果两个时期都是坏消息，假定状态序列为 $\{D, D\}$，则资产回报率为 d。

2. 新的均衡

假定借贷协议的期限只有一期，因此，借款 sj 承诺在状态 sU 和 sD 偿

还 j，并且需要 1 单位的资产进行担保。因此，状态 s 下的预算约束为：

$$B^h(p,\pi) = [c_s, y_s, (\varphi_{sj})_{j\in J}]_{s\in S} \in (\mathbb{R}^2_+ \times \mathbb{R}^J \times \mathbb{R}_+)^{1+S}$$

$$\text{s. t. for all } \quad s$$

$$(c_s - e^h_s) + p_s(y_s - y_{s-}) = y_{s-}d_s + \sum_{j=1}^J \varphi_{sj}\pi_{sj} - \sum_{j=1}^J \varphi_{s-j}\min(p_s + d_s, j),$$

$$\sum_{j=1}^J \max(\varphi_{sj}, 0) \leq y_s$$

消费品的价格被规范化为 1，资产的价格为 p_s，在 sD 和 sU 承诺偿还 j 的借款约价格为 π_{sj}。交易者 h 的支出为消费、消费品储存和持有资产的增加，收入为上期资产红利、上期储存借款合约卖出后的购买差额。以上预算约束中，第一个条件表示收入与支出相等，第二个条件表示借款者要有足够的资产进行抵押。

$$B^h(p,\pi) = [c_s, y_s, (\varphi_{sj})_{j\in J}]_{s\in S} \in (\mathbb{R}^2_+ \times \mathbb{R}^J \times \mathbb{R}_+)^{1+S}$$

$$\text{s. t. for all } \quad s$$

$$(c_s - e^h_s) + p_s(y_s - y_{s-}) = y_{s-}d_s + \sum_{j=1}^J \varphi_{sj}\pi_{sj} - \varphi_{s-} + \sum_{j=1}^J \varphi_s \frac{1}{1+r_s}$$

$$\varphi_s \leq y_s\min(p_sU + d_sU, p_sD + d_sD)$$

市场出清条件：

$$\int_0^1 (c^h_s + w^h_s)\,dh = \int_0^1 e^h_s dh + d_s\int_0^1 y^h_{s-}\,dh \tag{5.4.11}$$

$$\int_0^1 y^h_s dh = \int_0^1 y^h_{s-}\,dh \tag{5.4.12}$$

$$\int_0^1 \varphi^h_s dh = 0 \tag{5.4.13}$$

定义 5.4：均衡为一个数字组合 (p,r)，该组合使得 $(c^h_s, y^h_s, \varphi^h_s)_{s\in S}$ 同时满足约束条件和市场出清条件式（5.4.11）—式（5.4.15）。

在均衡中，各种状态下，利率水平始终为 0。因此，在 $t = 0$ 期，交易者用每 1 单位资产担保可以借得两种状态下最小的资产价格单位消费品。在状态 U，交易者可以每持有 1 单位资产就能借得一单位消费品；在状态 D，交易者只能借每持有 1 单位资产只能借 0.2 单位消费品。在正常情况下，在 $t=0$ 期，由于没有坏的事情发生，因此，面对相同的担保价值贷款者愿意接触更多的消费品，导致杠杆上升。

3. 杠杆周期

将模型拓展到 3 个时期后，资产市场从在 $t=0$ 期开放变为在 $t=0,1$ 两期开放。记 $t=0$ 期和 $t=1$ 期的边际交易者分别为 $(\hat{h}_0, \hat{h}_1)$。根据两个时期的模型结果，显然在 $t=0$ 期，乐观交易者 $h \in [\hat{h}_0, 1]$ 将会借款，进行杠杆投资。如果第一期状态为 U，那么，从 $t=1$ 期开始，资产就是无风险的，资产报酬和均衡资产价格相等，$p_{1u}=U$。如果 $t=1$ 期状态为 D，则 $t=0$ 期的乐观交易者遭到淘汰。新的乐观交易者 $h \in [\hat{h}_1, \hat{h}_0)$ 进入市场。此时的悲观交易者为 $h \in [0, \hat{h}_1)$。由于两类交易者对 $t=2$ 期的资产报酬率信念具有差异，乐观交易者对资产的估值更高，因此会借款进行杠杆投资。

当 $t=1$ 期状态为 D，则均衡与两个时期的模型类似，除了交易者的信念分布从 $[0,1]$ 变为 $[0,\hat{h}_0]$。新的乐观交易者进行杠杆投资，获得的杠杆收益率为：

$$R_1(h) = \frac{h(1-d)}{p_{1D}-d} \tag{5.4.14}$$

记 $t=1$ 期的均衡配置为 $(p_{1D}, \hat{h}_1)$。与两个时期的模型相同，均衡配置由边际交易者的无差异条件和资产市场出清条件两个公式同时决定。由边际交易者的无差异条件，即边际交易者的杠杆报酬率等于 1，可以推导出：

$$p_{1D} = \hat{h}_1 + (1-\hat{h}_1)d \tag{5.4.15}$$

由资产市场出清条件可以得到：

$$\frac{\eta}{p_{1D}-d}(\hat{h}_0 - \hat{h}_1) = 1 \tag{5.4.16}$$

记 $t=0$ 期的均衡配置为 $(p_0, \hat{h}_0)$，均衡配置同样由该时期的边际交易

者的无差别条件和资产市场出清条件决定。边际交易者的无差别条件:

$$\frac{\hat{h}_0(1 - p_{1D})}{p_0 - p_{1D}} = \hat{h}_0 + (1 - \hat{h}_0)\frac{\hat{h}_0(1 - d)}{p_0 - d} \qquad (5.4.17)$$

而市场出清条件:

$$\frac{\eta}{p_0 - p_{1D}}(1 - \hat{h}_0) = 1 \qquad (5.4.18)$$

根据以上分析,可以明确定义三个时期二叉树经济的序贯均衡。

命题5.5:(杠杆周期)在本节三个时期的模型中,满足条件式(5.4.15)—式(5.4.18)的配置 $\{(\hat{h}_0, p_{0D}), (\hat{h}_1, p_{1D})\}$ 为序贯均衡配置。

为了更加清楚地呈现杠杆周期过程,对以上均衡进行数值求解。令 $d = 0.2, \eta = 0.68$,则可以求解出均衡路径为:

$$\{(\hat{h}_0, p_{0D}), (\hat{h}_1, p_{1D})\} = \{(0.63, 0.68), (0.29, 0.43)\}$$

乐观交易者的杠杆路径为:

$$(LR_0, LR_1) = \left(\frac{50}{11}, \frac{100}{53}\right)$$

显然,杠杆率与资产均衡价格同方向变化,这就是所谓的杠杆周期。

在这个周期过程中,主要有三个原因导致资产价格崩溃。第一是坏消息。坏消息让所有交易者对资产价格的预期都降低。第二是净资产渠道。由于最乐观的交易者 $h \in [\hat{h}_0, 1]$ 的净资产下降,他们的资产被抛售给对资产估值较低的交易者。第三是逆周期保证金。在 $t = 0$ 期,保证金率为22%;在 $t = 1$ 期,保证金率为53%。

杠杆周期在经济中常常是有害的。首先,高杠杆常常意味着资产价格由经济中很小部分高预期的投资者决定。但这是不利于经济健康发展的,因为由很小一部分人来主导其对经济的影响。第二,如果将模型资产再引入一个生产过程,那么,高杠杆将导致该产品在短时间内产能严重过剩。而当资产泡沫破灭后，去产能过程将给经济带来严重损失。第三，杠杆周期导致资产价格剧烈波动，使得经济中的财富不断被重新分配，可能加剧社会两极分化。

第五节　实证相关问题

一　账面价值与市场价值

在实证过程中存在的一个主要争议是，如何度量一个金融机构或企业的杠杆比率。根据以往的文献，主要有两种选择，即账面价值杠杆和市场价值杠杆。账面价值杠杆率等于机构或企业的金融资产除以权益的账面价值。权益的账面价值等于金融资产减去负债。因此，账面价值杠杆率的计算公式为：

$$账面价值杠杆率 = \frac{金融资产}{权益账面价值} = \frac{金融资产}{金融资产 - 负债} \tag{5.5.1}$$

市场价值杠杆率等于机构或企业的市场价值除以资本净值。其中资本净值用股票的市场价值衡量，机构或企业的市场价值用资本净值加上负债得到。因此，市场价值杠杆率的计算公式为：

$$市场价值杠杆率 = \frac{企业市场价值}{资本净值} = \frac{股票市场价值 + 负债}{股票市场价值} \tag{5.5.2}$$

但是对于很多金融机构和企业，这两种定义下的杠杆却表现迥异。Adrian 和 Shin（2014）分析美国最大的八家银行和经纪公司（包括高盛、摩根士丹利、雷曼兄弟、美林证券、贝尔斯登公司、摩根大通银行、花旗银行和美国银行）的数据发现，两种不同定义的杠杆顺周期性截然相反（见图 5-2）。

上面的散点图为用资产为权重加权的杠杆增长率和用资产为权重加权的总资产增长率之间的关系，采用的都是账面价值。当企业的账面价值上升时，企业的杠杆比率也上升，这意味着用账面价值表示的杠杆是

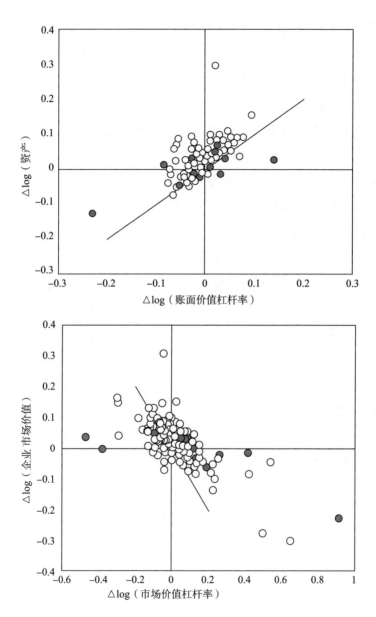

图 5 - 2　账面价值杠杆与市场价值杠杆的周期性

注：黑点代表 2007—2009 年的数据。

资料来源：Adrian 和 Shin（2014），第 379 页。

顺周期的。在经济下行时期，企业的账面价值下降，用账面价值计算的杠杆率也降低。

下面的图形为企业市场价值增长率与市场价值杠杆之间的关系，采用的都是市场价值。当企业市场价值比较低时，企业的市场价值杠杆率比较高，这意味着用市场价值表示的杠杆是逆周期的。在经济下行时期，企业的市场价值下降，企业更大部分的价值由债权人持有，而不是权益所有者持有。该项研究的发现并非是孤立的，除了 Adrian 和 Shin（2010，2013）等的研究外，Ang 等（2011）也注意到了账面价值杠杆和市场价值杠杆之间完全反向的关系。

从会计学的角度，由于度量角度不同，账面价值主要使用历史成本进行确认和计算，而市场价值反映了交易双方能够接受的公允价值。前者基于过去和现有的信息，对企业价值进行相对客观而准确的估计；后者则更多地表现了企业的竞争能力、未来的发展能力以及交易双方对市场和企业前景的预期。在本章的模型中，所有的杠杆和边际都基于已有的资产进行计算，但在讨论借贷合约和资产投资回报率时，交易者的决策又主要依赖对违约可能性的预期以及对未来状态的信念，基于此，在进行实证研究时应谨慎选择杠杆率和边际的度量方法。Adrian 等（2013）同时比较了两种方法计算的杠杆，最终发现采用账面价值计算杠杆的方法更加合理。但这仅仅是一个参考，我们在实证研究时还是要多结合事实与模型，权衡之后，进行谨慎选择。

二　尾端风险的度量

尾端风险是指资产或者资产组合偏离其现值一定范围而产生的额外风险，这里所说的范围通常指相应资产或者资产组合的三个标准差。谨慎的资产管理者常常担忧由尾端风险引起的损失，而不是热衷于其带来的超额收益。当市场数据出现肥尾现象时，如果研究者使用一般建模使用的正态分布模型，则会低估该资产或资产组合的风险。

在实践中，银行和监管机构常常利用风险价值（Value-at-Risk）衡量资产的健康性。风险价值是指，资产或资产组合在持有期间内，在给定的置信区间，由市场价格变动所导致的最大预期损失的数值。一个银行在置信水平 α 下的风险价值为满足下式的 V 值：

$$\text{Prob}(A < A_0 - V) \leqslant 1 - \alpha \qquad (5.5.3)$$

其中 A_0 表示资产的初值或者某一基准值，A 表示资产的随机价值，α 表示置信水平，常常取 99% 或者 95%，V 表示相应置信水平下的资产风险价值。

三 来自中国的证据

关于国内企业杠杆周期的实证文献不是很多。项后军等（2015）和汪莉（2017）研究了中国银行的顺周期问题。项后军等（2015）利用 BankScope 数据库和同花顺金融资讯，观察了 2003—2013 年 163 家商业银行的年度微观数据（见图 5-3）。163 家银行中包括 5 家国有商业银行、12 家股份制银行、30 家外资银行和 116 家其他银行。他们选用来自资产负债表的账面价值杠杆衡量杠杆率。研究发现，总的来说，我国商业银行杠杆都存在显著的顺周期现象，但不同类型银行之间存在着一定的差异。其中国有商业银行的杠杆顺周期现象并不十分明显，但较小规模的非国有商业银行的顺周期现象更加显著。银行的贷款占比和存款占比对杠杆顺周期行为的影响存在着非对称的性质。这表现为贷款占比的增加放大了杠杆的顺周期行为，而与之相反，存款占比的提升则对其具有适当减缓的效果。此外，研究还发现银行杠杆与流动性之间存在反方向相关关系，即当银行杠杆率高的时候，该银行具有的流动性水平相对更低。

汪莉（2017）利用我国 2006—2012 年 171 家银行非平行面板数据，包括 5 家大型商业银行、12 家股份制银行、103 家城市商业银行以及 51 家农村商业银行（包含农村信用合作社），分别从截面和时间的维度考

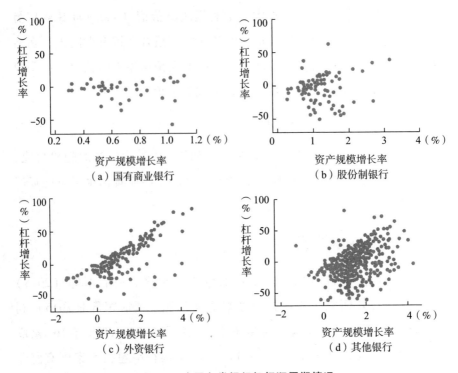

图 5-3　中国各类银行杠杆顺周期情况

资料来源：项后军等（2015），第 63 页。

察了银行总资产增长率和杠杆增长率之间的关系，验证了项后军等
（2015）的结论：对于所有类型的银行，银行的总资产增长率和杠杆增
长率均呈正相关。但她进一步发现，总体来讲，杠杆率的变动滞后于银
行总资产的变动。

第六节　小结与政策建议

本章基于异质信念研究了金融杠杆的形成过程，接着考察了事实违
约与预期违约对资产价格和杠杆的影响，最后，在异质信念的二叉树经
济模型中分析了杠杆周期过程。研究得出如下结论。

第一，在风险中性的假定下，不同类型交易者对未来经济状态和资

产收益率预期的不同是形成杠杆的关键因素。如果经济中所有交易者对未来的预期是相同的，那么，经济中将很难形成杠杆。

第二，在本章模型背景下，均衡杠杆率与两类交易者对未来经济状态信念的概率分布函数的形状密切相关。如果乐观交易者相对悲观交易者在好的情形时更加肥尾，即认为好的情形发生概率更大，则均衡中资产价格和杠杆率都更高；反之，则均衡中资产价格和杠杆率都更低。

第三，在本章模型背景下，均衡杠杆率与两类交易者对未来经济状态信念的概率分布函数的整体均值差异密切相关。如果相对于悲观的交易者，乐观的交易者整体更加乐观，即预期未来资产收益率的均值与悲观交易者差异越大，则均衡中资产价格和杠杆率都越高；反之，则均衡中资产价格和杠杆率都越低。

第四，在本书给定的二叉树经济模型中，如果借贷合约是一期的，且由金融资产作为担保，则事实违约对均衡和均衡的资产价格和杠杆率没有实质影响，而比较重要的是对潜在违约的预期。

第五，在杠杆周期变化过程中，对未来的异质预期和消息扮演着关键角色。

第六，在本章框架下的实证研究，根据以往文献，利用资产负债表账面价值计算的杠杆看起来更合适，但由于本章模型还考虑到对未来经济状态和交易对手的潜在违约情况，因此，在实证中具体采用何种方式度量杠杆率还需谨慎考虑。

第七，根据最近的文献研究，国内的银行，不论是国有银行，还是非国有银行，都存在着显著的顺周期杠杆现象。

根据本章的主要研究内容和主要研究结论，这里提出如下政策建议。

第一，预期差异是影响杠杆形成和周期变化的重要因素，因此，控制和调整合理杠杆率可以从宏观经济预期引导入手。一方面，要通过建立专门的信息发布机构和政策形式解读机制，就国内重大的政策变化、当前的经济热点问题等，与市场建立有效、及时的沟通，减小由于信息不对称形成的市场对风险资产估值的差异；另一方面，也要将信息发布和政策解读等作为预期管理的重要组成部分，建立预期管理的惯例和制度，扩大对市场信息的发布范围，加强政府对市场预期的引导和管理能力。

第二，完善信贷市场，降低违约对杠杆的风险。根据研究，如果利用金融资产对借款进行全额抵押，那么，事实违约对金融杠杆和资产价格没有影响。在国内金融市场欠稳定、信贷市场欠发达的现实条件下，应当重视抵押品管理对杠杆率控制的影响。一方面，要建立合理、统一的抵押品估值程序，降低借贷双方对抵押品估值的差异；另一方面，要加强对抵押品的管理，尽量采用价值稳定的资产作为抵押品，降低经济波动对抵押品本身价值的影响。

第六章

网络结构、金融传染与系统风险

随着现代金融业的不断发展和演变，金融系统逐渐形成一个典型特征，即金融机构之间高度依赖。许多金融机构通过相互持有资产等方式，形成不同规模的联系进而构成了复杂的金融网络。很多经济学者使用生态或物理系统、社会网络等复杂分析工具，来研究金融网络的形成过程，以及金融网络对金融市场之间传导机制的影响。

金融机构通过各种各样的方式相互关联，形成金融网络。这种网络关系是一把双刃剑，有利也有弊。当一家银行遭受冲击时，网络关系有助于帮它分担风险，减少它的损失。但是正是这种风险分担方式导致当网络中某个或者某些机构遭受冲击时，冲击可能沿着各个机构之间的关联，扩散到网络系统中的其他机构，进而使整个网络遭到威胁。目前在金融网络方面，学者们广为讨论的两个主题是：第一，金融机构之间的网络是如何形成的；第二，哪种网络结构更加稳定或者在遭受冲击后恢复性更强。

本章在 Allen 和 Gale（2000）、Kartik 等（2013）、Acemoglu 等（2015）以及 Babus（2016）等研究的基础上，以银行网络为例，讨论金融网络的形成过程，并比较不同网络结构在面临金融冲击和金融传染时的稳定性和恢复性。为了提供更加丰富的观点，本章设定模型的基本背景是，银行系统总的流动性供给充分，流动性冲击仅仅来自流动性需求分布的不确定性。本章内容安排如下。第一节是文献综述。第二节简要梳理了有关金融网络的主要概念和术语。为了行文方便，后文要用到的一些概念和术语也包括在其中。第三节和第四节基于 Allen 和 Gale（2000）、Kartik 等（2013）以及 Babus（2016）等的研究，试图建立一个相对规范的博弈论框架，并以银行系统为例，分析网络结构的形成过程。具体来说，第三节主要描述这个模型的基本经济背景，第四节则利用博弈论和社会网络分析法进行相对规范的论证。第五节则是在第三节和第四节的基础上，结合 Acemoglu 等（2015）的研究，构建一个简单的模型来讨论不同网络结构与预防风险和恢复性质之间的关系。最后是小结以及从金融网络方面应对系统性风险的政策建议。

第一节 文献综述

金融网络是社会网络的一种，本节首先回溯与社会网络相关的文献。关于社会网络的形成有很多文献。Bala 和 Goyal（2000）基于个体权衡建立和维护网络的成本与收益，决定是否建立社会网络和选择网络类型，并依托这个理念提出了一个建立社会网络的非合作博弈模型。他们认为，建立社会网络的个体可以通过网络关系获得与其关联的其他个体的利益，而建立和维护社会网络的成本仅由该网络的发起者承担，基于此，他们建立了非合作博弈模型。他们还研究了均衡中网络的结构特征以及网络的动态形成。他们发现，在多种环境下，个体通过网络追求利益的行为能够快速促使网络均衡的形成。这些网络的结构比较简单，主要呈轮状结构、星形结构或者类似于轮状和星形结构的其他变体。Dutta 等（2005）考察了当参与者具有"远见"时，社会网络的动态形成过程。Bloch 和 Jackson（2007）在参与者的支付取决于网络结构的情况下，研究了社会网络的形成过程。他们主要讨论了参与者在网络形成过程中，通过承诺支付或者索取收益来讨价还价的情形。

关于金融网络的理论文献比较缺乏，以往文献主要集中于面临金融冲击和金融传染时，不同网络结构恢复性的比较。关于金融传染，以往的文献主要集中于直接资产负债表之间的内部关联。Freixas 等（2000）考虑了一种由于银行不确定消费者消费地点的流动性需求，银行间通过同业授信额度相互关联形成的网络，通过比较不同的市场结构，发现授信额度系统容易使银行部门出现资金流通不畅的情况。Allen 和 Gale（2000）通过比较不同的银行网络结构发现，完备的网络结构比不完备的网络结构更加稳定。当面临传染效应时，完备网络结构的恢复能力更强。但 Acemoglu 等（2015）认为，金融网络恢复能力的强弱不仅取决于网络结构的完备程度，还取决于面临的冲击类型和频率。不同的负向冲击和频率，各自对应不同的具有最强恢复能力的网络结构。Eisenberg 和 Noe（2001）利用结算支付向量建立和衡量银行间的关联程度，并设计了一种估计程度轻且形式为点对点的冲击对整个网络系统影响的算法。Dasgupta（2004）将银行间交叉持有存款作为建立网络连接的一种方式。当私人存款者接收到关于银行持有资产的信息后，向银行提取存款，发生挤兑，导致银行系统的脆弱性。这种脆弱性通过银行间的交叉持有存款，传递到整个银行系统。De Vries（2005）发现给定标的资产的肥尾性质，银行资产组合间存在相互依赖性，这种依赖性可能引发系统风险。Caballero 和 Simsek（2013）构建了一个将市场冻结考虑在内的模型，认为金融网络的复杂性增加了交易对手的风险。

在经验研究方面，一个主要的研究方向是检验机构间相互索偿权在金融传染方面的作用。Upper 和 Worms（2004）利用资产负债表信息估计了德国银行系统的双向信贷关系，并考察了单个银行的失败对整个银行系统的传染性。他们发现，银行间的金融安全网络能够有效降低传染性，但不能完全克服这种传染性。利用数值模拟，他们发现单个银行的失败可能导致整个银行系统损失 15% 的资产。Boss 等（2004）基于

Oesterreichische Nationalbank（OeNB）的数据，分析了澳大利亚银行同业拆借市场的网络结构，发现在 30 年中合约规模遵循一个幂次方规则，银行间网络与实际澳大利亚地区和部门间的银行系统呈现一个相似社会结构。Georg（2013）建立了一个包含中央银行的多个体动态模型，银行通过同业拆借相连接，面临随机存款供给，根据风险、报酬和流动性偏好来选择风险投资和无风险的超额准备金资产组合。研究发现，中央银行在维持银行间市场稳定性上仅在短期内起作用，货币中心的网络结构比随机网络结构更加稳定。

第二节　金融网络和传染的基本概念

由于社会网络在经济学中的应用还不广泛，很多学者对金融网络和金融传染的概念不太熟悉。本节主要基于巴曙松等（2013）的研究，介绍金融网络和金融传染的一些基本概念。

一　金融网络的基本概念和度量

1. 金融网络的基本概念

在介绍金融网络前，我们先回溯一下自然科学中复杂网络的概念。复杂网络是指，将一个系统内部的各个元素作为节点，这些节点依据一定规则通过边或者并相互连接，组合在一起便形成网络。与复杂网络相对应，在现代金融系统中，将银行和对冲基金等金融机构作为节点，将金融机构之间的信用拆借、资产互持或保险契约关系作为边或并，而相互连接所形成的价值网络就叫作金融网络。与传统网络类似，在结构上金融网络主要由节点和边构成。金融网络也有其自身的特征。第一，金融网络节点数通常很多，因而往往构成较为复杂的网络关系图。第二，每条边度量的是两个相连节点之间的资产负债、保险契约等索偿权关系，这些边常常还具有赋予其金融学含义的方向性。例如一条从起始节点指向另一个节点的带有箭头的边，常常意味着起始节点对另一个节点具有负债或索偿关系。

2. 金融网络的主要度量

度量金融网络结构特征的指标主要包括三个：平均最短路径长度、节点的度和聚类系数。两个节点间的最短路径，是指将这两个节点连接的所有路径中，包含边数最少的那条路径。平均最短路径长度主要用于度量金融网络节点之间相互联系的紧密程度。平均最短路径越长，节点间关系越不紧密；反之，则意味着两个节点间的关系越紧密。记包含 n 个节点的网络中任意两个节点 i 和 j 之间的最短路径长度为 l_{ij}，记该金融网络的平均最短路径长度为 L，则其表达式为：

$$L = \frac{\sum_{i \neq j} l_{ij}}{n(n+1)} \tag{6.2.1}$$

节点的度则主要用于度量该节点的重要性。一个节点的度越大，说明与之相连接的点越多，该节点越重要；反之，则意味着与该节点相连的点越少，该节点越不重要。聚类系数主要用于描述金融网络结构的群体性。聚类系数越小，说明该网络的层次结构特征越显著，群体性结构特征越不明显；反之，则说明该网络的群体性结构特征越显著，层次结构特征越不明显。聚类系数可以分为节点聚类系数和网络聚类系数。记网络中与节点 i 相连的节点数为 k_i，则 k_i 个节点间最多可能有 $\frac{k_i(k_i-1)}{2}$ 条边相互连接。记 k_i 个节点间实际相连的边数为 E_i，则节点 i 的聚类系数 C_i 和整个金融网络的聚类系数 C 可以表示为：

$$C_i = \frac{2E_i}{k_i(k_i-1)}, C = \frac{\sum_{i=1}^{n} E_i}{n} \tag{6.2.2}$$

3. 金融网络的基本结构

金融网络的基本结构主要是指各节点之间的连接方式以及节点在网络中的位置关系。金融网络的结构常常分为两类，即群体结构（Community Structure）和层次结构（Hierarchy Structure）。群体结构的含义为，根据金融网络中节点间连接的紧密程度，将各节点划分为不同的群体，群体内部的连接比较密集，而群体间的连接则比较稀疏。层次结构的含义为，在不同金融机构之间，节点对应的机构规模大小和信用拆借能力等，导致不同机构在金融市场中所处地位的差异呈现出分层次的特征。

根据现代图论理论的划分，网络的拓扑结构常常包括：正规网络（Regular Network）、随机网络（Stochastic Network）、小世界网络（Small – World Network）以及无标度网络（Sale – Free Network）。在正规网络中，每个节点都有相同的度，每两个节点间的距离相同，都等于最短路径长度和平均最短路径长度。任意两个节点间的特征路径较长，聚类系数较大。而随机网络结构的主要特征是，每个节点都以相同的概率与其他节点连接。其特征路径长度较短，但聚类系数较小。小世界网络则介于正规网络和随机网络之间，其在正规网络的基础上，每条边都以给定的概率连接到一个新的节点。它的突出特征是，同时具有较短的路径和较大的聚类系数（见图 6 - 1）。无标度网络的主要特征是具有少数度很高的中心节点（Hub），但整个网络中大多数的节点度很低。

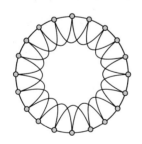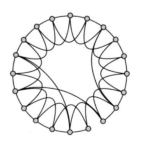

图 6 – 1　几个常见的网络结构

注：以上网络结构从左到右分别为正规网络、小世界网络和随机网络。

资料来源：巴曙松等（2013），第 5 页。

二　金融传染的基本概念和相关度量

金融传染的一个广义定义是，市场不利干扰因素在不同机构、部门或国家间传播，使得资产价格、主权债券利差、资本流动以及汇率等出现协同运动的现象（Rudiger等，2000）。在金融网络中，金融传染常常被定义为，当一个金融机构遭受冲击尤其是负面的外部冲击时，其资产价值的变化通过网络连接传播到其他金融机构，引起其他金融机构资产价值也发生变化的均衡现象（Allen和Gale，2000）。

1. 金融传染的发生机制

根据以往文献，金融传染机制主要分为两类：直接传染机制和间接传染机制。直接传染机制主要是指，当金融网络中的某些机构遭受冲击时，与该机构直接关联的其他结构由于与该金融机构发生直接业务关系而同样遭受冲击，进而导致破产危机进一步蔓延的情况。而间接传染机制主要是指除了直接传染机制以外的其他传染机制，包括市场信心下降和金融外部性等因素导致的非直接联系机构也遭受损失的情形。在一些金融网络模型中，直接传染机制和间接传染机制的区分更加明显。直接传染仅指在网络中直接关联的节点间的冲击传递，而间接传染则是指没有直接连接的节点间的冲击传递。

2. 金融传染导致的损失

学者们常常认为，金融传染发生的概率小，但是一旦发生，其造成的损失十分巨大。在衡量金融传染引起的资产损失方面，一些学者对损失函数的性质和度量做了相关研究。

Eisenberg和Noe（2001）、Giesecke和Weber（2004）以及Elsinger等（2006）研究了损失函数的基本特征。Eisenberg和Noe（2001）提出了一种衡量金融传染损失大小的估算方法。后两者集中讨论了损失函数的一些统计学特征，他们研究发现，损失函数常常呈薄尾的正态分布。损失值常常与经济基本波动因素和机构间连接紧密程度相关。经济基本波动因素波动幅度越大，损失的均值越大；机构之间连接越紧密，损失在均值附近的波动越大。

三　全球金融网络的发展

我们先从国家层面简单描述 20 世纪 80 年代以来金融全球化和全球金融网络的发展。从 20 世纪 80 年代起，各国通过逐步降低资本流通门槛，使资金能够在有效供求信息和利率信号率的引导下跨国自由流动，进而达到促进本国经济发展和抵御金融风险的目的。在此潜在利益的驱动下，很多发达国家与发展中国家的资本市场迅速相互渗透、融合，使得国家之间的资本流量迅速上升，金融相互依存度显著增加。图 6 - 2 比较了 1985 年和 2005 年全球 18 个国家和地区之间外部金融资产存量关系的变化。

其中上图表示 1985 年世界 18 个国家和地区之间的金融网络关系，下图表示 2005 年 18 个国家和地区之间的金融网络关系。一个节点表示一个国家，一个节点的大小对应着该国外部金融资产存量总量。外部金融资产存量等于总的外部金融资产与总的外部负债之和。节点间边的粗细程度与两个节点对应国家双边金融资产存量与二者 GDP 之和的比值，即：

$$节点间边的粗细程度 = \frac{总的外部金融资产 + 总的外部负债}{GDP_i + GDP_j} \tag{6.2.3}$$

从图 6 - 2 可以看出，经过 1985—2005 年二十年的发展，国家和地区间的金融依存度显著提高，金融网络复杂程度显著提升。这主要体现在三个方面。第一，国家和地区间的金融相互依存关系更加复杂，每个国家和地区都与更多的国家和地区建立起金融联系。在网络图形中，这体现为每个节点的度大幅增加，即与每个节点直接相连的节点数上升。比如，1985 年中国内地没有与任何国家建立外部金融资产的相互存放，只与中国香港相互依存；但在 2005 年，与中国内地建立直接外部金融

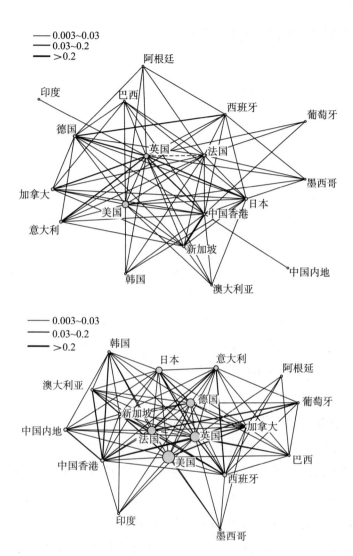

图 6-2　对比 1985 年和 2005 年 18 个国家和地区之间的金融关系

资料来源：Financial Stability Report 2009，第 46 页。

资产相互存放的国家增加到 8 个。第二，每个国家和地区的外部金融资产存量总量都显著增加，尤其是美国、英国、法国和日本，外部金融资产存量总量显著上升。在网络图形中，这体现为每个网络节点的体积显著变大。第三，各国和地区外部金融资产存量占 GDP 比例显著上升，这体现为网络图形中的边显著变粗。

第三节 模型的背景

一 独立的银行

考虑三个时期，即 $t = \{0,1,2\}$ 的经济模型。假定经济包含两种不同类别 $A = \{1,\cdots,n\}$ 和 $B = \{n,\cdots,2n\}$ 共 $2n$ 个地区。每个地区各具有一个连续统的消费者和一家银行。在 $t = 0$ 期，每个消费者具有 1 单位的消费品（或者货币）禀赋，而银行没有任何禀赋，则平均每个地区都有 1 单位的禀赋。消费者被分为两类：第一类比较缺乏耐心，希望在第 1 期消费，这里称之为早期消费者；第二类比较具有耐心，希望在第 2 期消费，这里称之为晚期消费者。假定在第 0 期，每个消费者都不知道自己的类别，到第 1 期期初才知道自己的类别。与 Allen 和 Gale（2000）的论点有所不同，这意味着对于银行来说，流动性冲击是意料之外的。

假定在正常情况下每一个消费者都是早期消费者的概率为 q。假定大数定律成立，因此，在所有消费者中早期消费者占比为 q。每个地区都可能受到流动性冲击，这导致一些地区早期消费者占比较高，每个消费者都有 q_h 的概率成为早期消费者；一些地区早期消费者占比较低，每个消费者都有 q_l 的概率成为早期消费者，其中 $q_h > q_l$。为了简化模型，排除总量变动的干扰，本章只考虑由于不同类型消费者分布的不确定性引起的流动性冲击，而不考虑总量变动形式的流动性冲击。假定 $q = (q_h + q_l)/2$，同时为了避免非对称流动性冲击带来的影响，进一步假定同一类别的地区遭受的流动性冲击相同，而不同类别的地区遭受的流动性冲击相反。这意味着，如果 A 类地区中有些地区早期消费者概率为 q_h，则 B 类地区中有相同数量的地区早期消费者概率为 q_l。记正常情况，即整个经济不遭受流动性冲击的概率为 $(1-\pi)$。假定每个地区遭受的流动性冲击的事件是相互独立的，记其概率为 $\pi/(2n)$，因此，整个经济遭受流动性冲击的概率为 π，而一类地区分别遭受不同流动性冲击的概率为 $\pi/2$。

假定整个银行市场是完全竞争的，每一个地区各有一家竞争性的银行。各地区的消费者将自身的消费品存入当地的银行。消费者与银行间的存贷契约为，消费者 $t=0$ 期将 1 单位消费品禀赋存入银行，若在第 1 期取出，则得到 c_1 单位，收益率为 $c_1>1$；若在第 2 期取出，则得到 $c_2>c_1$ 单位，收益率为 c_2。

银行可以选择两种类别的资产进行投资，即流动性资产和非流动性资产。如果投资流动性资产，则可以在第 1 期期末回收 1 单位的消费品，报酬率为 1。如果投资非流动性资产，则在第 2 期才能回收 $R>c_2$ 单位的消费品，报酬率为 R；但若提前到第 1 期期末回收，则会带来损失，只能得到 $r<1$ 单位消费品，报酬率为 r。记银行在流动资产和非流动资产的投资额分别为 x 和 y。

假定银行的偏好是，在保证不遭到破产的前提下最大化收益。在 $t=1$ 期如果没有金融网络，则银行的最佳策略是利用流动性资产应对早期消费者的提现，用非流动性资产应对晚期消费者的取款：

$$x_i = c_1 q, \; y_i = 1 - c_1 q \tag{6.3.1}$$

此时，银行 i 的收益为 $(R-c_2)(1-c_1q)$。但由于消费者类型具有不确定性，因此，银行在第 1 期将分别以 $\pi/(2n)$ 的概率面临流动性短缺 $zc_1 = (q_h - q)c_1$，或者流动性剩余 $zc_1 = (q-q_l)c_1$。

这里引入一个关于参数的假定。

假定 6.1：

$$R\left[\frac{(1-q)c_2}{R} - \frac{(q_h-q)c_1}{r}\right] < (1-q_l)c_1 \tag{6.3.2}$$

这个假定保证了当银行间不建立金融网络时，一旦发生流动性短缺冲击，独立的银行必然破产。这个假定的含义为，当独立的银行遭到流动性短缺的冲击时，由于没有其他对冲方式，唯一的选择就是抛售非流动性资产。在假定 6.1 的前提下，抛售非流动性资产将降低晚期消费者的收益，使其报酬率小于短期存款报酬率 c_1，这就导致银行在 $t = 1$ 期发生挤兑。又由于 $c_1 > 1$，银行资不抵债，进而引发破产。

因此，可以根据消费者的分布和流动性冲击，将经济分为 $2n + 2$ 个状态。s_1 和 s_2 分别表示正常状态，概率分别为 $(1 - \pi)/2$；$\bar{s}_i, i = 1, \cdots, 2n$ 分别表示第 i 家银行遭到流动性冲击发生倒闭的状态，发生的概率分别为 $\pi/(2n)$。

二 银行间资产负债表关联

假定银行间通过资产负债表进行直接关联，即在第 0 期，银行间相互存款。假定银行间存款收益率与消费者向银行存款的收益率相同，即若第 1 期取的报酬率为 c_1，第 2 期取的报酬率为 c_2。由于 $c_1 > 1$，银行可能会将流动性资产转化为在其他银行的短期存款。但这么做会增加银行的风险。这里先假定银行向其他银行存款只为分摊流动性风险。因此，银行的资产组合只包含三类资产：流动性资产、非流动性资产和银行间存款。负债方面的项目为消费者存款和其他银行的银行间存款。

根据第 1 期面临的流动性冲击的不同，可以将银行分为两类。记在第 1 期面临高流动需求的银行类别为 H，在第 2 期面临高流动性需求的银行类别为 L。因此，在第 1 期 H 类银行具有流动性需求，而 L 类银行具有流动性剩余；在第 2 期 H 类银行具有流动性剩余，而 L 类银行具有流动性需求。

假定银行交叉存款是双边的，那么，如果记 a_{ij} 为第 0 期银行 i 向银行 j 的存款，则双边性意味着 $a_{ij} = a_{ji}$。记 N_i 为与银行 i 直接连接的银行集合，N_i^d 为其中与银行 i 类别不同的银行集合。由于面对流动性冲击的风险只能由不同类别的银行分担，因此，银行 i 的一个可行性约束为：

$$z = \sum_{j \in N_i^d} a_{ij}$$

$$1 + \sum_{j \in N_i} a_{ji} = x_i + y_i + \sum_{j \in N_i} a_{ij} \qquad (6.3.3)$$

三　传染、损失和缓冲器

考虑当银行 i 受到外部冲击时发生倒闭的情况。银行 i 持有的资产包括流动性资产 x_i、非流动资产 y_i 和与之关联的银行的存款 $d_i^+ = \sum_{j \in N_i} a_{ij}$。如果在第 1 期，银行 i 受到外生冲击发生倒闭，则它的所有资产将受到清算。在第 1 期清算时，流动性资产的报酬率为 1，非流动资产的报酬率为 r，存在与之直接关联的银行的存款清算报酬率为 c_1。银行的负债为消费者在银行的存款，与之直接关联的银行在该银行的存款 $d_i^- = \sum_{j \in N_i} a_{ji}$。银行 i 的资产负债表和破产清算价值如表 6 - 1 所示。假定银行破产后，其所有清算价值按照负债额度平均偿还给消费者和在银行 i 存款的其他银行，因此，如果在第 1 时期，银行 i 破产清算，则存款在该银行的资产收益率为：

$$\bar{c}_1 = \frac{x_i + r y_i + c_1 \sum_{j \in N_i} a_{ij}}{1 + \sum_{j \in N_i} a_{ji}} < c_1 \qquad (6.3.4)$$

因此，当银行 i 遭到破产清算时，与银行 i 直接关联的银行 j 遭受的损失函数为：

$$LD_i = a_{ji}(c_1 - \bar{c}_i) = a_{ji} \frac{c_1 - x_i - r y_i}{1 + \sum_{j \in N_i} a_{ji}} \qquad (6.3.5)$$

根据式（6.3.5），可以发现损失函数的两个特征：第一，随着银行间交叉存款的数额上升而递增；第二，随着与破产银行直接关联的银行数目的上升而递减。

表 6 - 1　银行 i 的资产负债表和破产清算价值

资产		负债	
资产数量	清算收益率	负债数量	应当报酬率
流动性资产 x_i	1	消费者存款 1	c_1
非流动性资产 y	r		
银行间存款 d_i^+	c_1	银行间存款 d_i^-	c_1

注：这里应当报酬率指如果不遭到冲击，资产要求的报酬率，即契约规定的报酬率。

给定银行 i 在第 1 期破产，由于其破产清算将会降低到与之直接关联的所有银行的资产，任取其中一个银行 $j \in N_i$ 进行分析。首先，为了便于分析，先定义两种金融缓冲器。

定义 6.1：对于任一银行存在一个阈值，当该银行损失大于该值时，该银行将遭到挤兑并破产；当该银行遭受的损失小于该阈值时，该银行不会破产。本章称该阈值为金融稳定器 1。在本书背景下，金融稳定器 1 的值可以表示为：

$$b_1(q) = r\left[y - \frac{(1-q)c_1}{R}\right] \tag{6.3.6}$$

同样也存在另一个阈值，当该银行损失在金融缓冲器 1 和该阈值之间时，该银行不会遭到挤兑和破产，但晚期消费者的收益率会有所降低。本章称该阈值为金融稳定器 2。在本书背景下，金融稳定器 2 的值可以表示为：

$$b_2(q) = r\left[y - \frac{(1-q)c_2}{R}\right] \tag{6.3.7}$$

因此，两种金融稳定器将银行 j 在 $t = 1$ 期能够遭受的损失分为三个阶段。

第一个阶段，如果，

$$LD_j > b_1(q) = r\left[y - \frac{(1-q)c_1}{R}\right] \tag{6.3.8}$$

则银行 j 将面临挤兑和破产。因为晚期消费者预期到，如果他们等到第 2 期再去银行取钱，那么，银行 j 能够保证的收益率还不如第 1 期。因此，晚期消费者也会集中到第 1 期取钱，这导致银行 j 发生挤兑现象。但又由于银行 j 的总资产不足以偿付债务，因此，银行 j 也随着银行 i 的破产而在 $t=1$ 期面临破产清算。如果这种情况对于所有与银行 i 直接关联的银行都一样，则将导致金融系统的大面积崩溃，引发严重的金融危机。

第二个阶段，如果，

$$b_2(q) = r\left[y - \frac{(1-q)c_2}{R}\right] < LD_j < b_1(q) = r\left[y - \frac{(1-q)c_1}{R}\right] \qquad (6.3.9)$$

则银行 j 不会在 $t=1$ 期破产，但是银行的信誉会遭到损失。因为在第 2 期，晚期消费者获得的收益率小于 $\bar{c}_2 \in (c_1, c_2)$，即低于原来存款协定中规定的收益率。

第三个阶段，如果，

$$LD_j < b_2(q) = r\left[y - \frac{(1-q)c_2}{R}\right] \qquad (6.3.10)$$

则银行 j 在 $t=1$ 期不会破产，且到第 2 期，晚期消费者的收益率仍然等于 c_2，没有遭受任何损失。此时遭受损失的只有银行，其自身利润下降。

第四节 网络形成的规范分析

一 基本的符号和定义

记 $N = A \cup B$ 表示经济中所有银行的集合。首先定义一个金融网络。

定义 6.2：一个银行的集合，用银行表示节点，银行间的资产负债表关系表示边，如果其中任意两个银行至少存在一条路径相互连接，则这个集合中的所有银行和相互间的连接关系构成一个金融网络。

用 g 表示一个金融网络，其中每一家银行就是该网络中的一个节点。用 G 表示所有银行和银行间的网络关系。用节点的大小来表示银行的净资产，由于本章假定所有银行净资产相同，因此，各个节点一样大小。银行间的边通过相互间存款关系来体现。g_{ij} 表示银行 i 和 j 相互关联，如果这两家银行都存在于网络 g 中，则 $g_{ij} \in g$。记在网络 g 中与银行 i 直接关联的银行集合为 $N_i(g) = \{j \in N \mid g_{ij} \in g\}$。记 $\eta_i(g) = |N_i(g)|$ 表示集合 $N_i(g)$ 的势，即该集合中元素的个数。因此，在网络 g 中，$\eta_i(g)$ 就是银行 i 的度，即与银行 i 直接关联的银行数目。与前面保持一致，$N_i^d(g)$ 表示网络 g 中与银行 i 直接关联，但与其不属于同一类型的银行的集合。用 $N_i^s(g) = N_i(g) - N_i^d(g)$ 表示在网络 g 中与银行 i 直接关联，且类型与之相同的银行的集合。在这些概念和标记的基础上，定义金融网络的完备性和正规性。

定义 6.3：给定一个包含 e 个银行的金融网络 g，如果对于其中任意一家银行 i 都满足 $\eta_i(g) = e - 1$，则称该金融网络是完备的。

完备性的含义是，网络中所有银行都两两关联。如果一个网络中存在两个或以上银行，它们之间没有直接关联，则说明这个网络是不完备的。

定义 6.4：给定一个包含 e 个银行的金融网络 g，如果对于任意一家银行 i，都有 $\eta_i(g) = k, k \leqslant e - 1$，则称该网络是 k 度正规的。

正规性意味着网络中所有银行的度，即与之直接关联的银行数目是相同的。显然，一个完备的金融网络是正规的，但一个正规的金融网络却不一定是完备的。在包含 e 个银行的金融网络中，如果该网络是完备的，则意味着这个网络是 $e - 1$ 度正规的。

如果 i 在网络 g 中，则利用 $g + g_{ij}$ 表示同处于网络 g 中的银行 i 和 j 间建立新的直接关联，而 $g - g_{ij}$ 表示两家银行间断开直接关联；用 $g +$

g_{ij} 表示网络 g 中银行 i 与该网络外部的银行 j 建立新的关联，形成新的网络。

二　银行的策略

银行 i 的策略可以表示为 $s_i = (s_{i1}, s_{i2}, \cdots, s_{i2n}; a_{i1}, \cdots, a_{i2n})$，其中 $s_{ij} \in \{0,1\}$。对于任何 $i \neq j$，如果 $s_{ij} = 1$，表示银行 i 希望向银行 j 存款，如果 $s_{ij} = 0$，则表示银行 i 不希望向银行 j 存款。记 $s_{ij} = 0$。由于要刻画银行间的资产负债表关联不是单方面的，而是双方都同意的结果，因此，假定只有当 $s_{ij} = s_{ji} = 1$ 时，银行间的连接才形成。在考虑建立和维护连接成本时，这种假定显然是合理的。因为对于给定的连接成本和其中一方已经向另一方建立连接，那么，另一方可以通过反过来建立双向的连接增大自身的效用，而不需要负担任何成本。

相同类型和不同类型银行在抵御风险方面具有不同的功能。对于相同类型的银行，由于二者面临的流动性风险相同，因此，二者之间的关联无助于对冲流动性风险。因此，相同类型银行间的连接，仅仅在于通过增加连接数目来降低损失函数。对于不同类型的银行，由于面临的流动性冲击正好相反，因此，不同类型银行间建立连接不仅有助于通过增加连接的度，而且有助于对冲流动性风险。

在本章模型中，银行具有两个目标，其首要目标是避免由于金融传染导致破产。然后才是在保证没有破产风险的前提下，最大化收益或最小化成本。记 $\Omega = \{s_1, s_2, \bar{s}_1, \cdots, \bar{s}_{2n}\}$ 表示经济体的所有可能状态，$w = \Omega - \{\bar{s}\}$。分别用 $N^h(w)$ 和 $N^l(w)$ 表示在状态 w 下，类型为 H 和 L 的银行的集合。对于任一银行 i，其最优化问题都可以描述为：

$$\forall i \in N, i' \in N_i^d, \min_{a_{ii'}} LD_{ii'}$$

$$\text{s. t.} \sum_{i' \in N_i^d} a_{ii'} = z \tag{6.4.1}$$

因此，有以下命题。

命题 6.1：给定任意状态和银行最小化损失函数的目标，银行的最佳策略满足以下关系：

如果 $i \in H$，则 $s_i^* = \left\{ s_{i1}, \cdots, s_{in}, 1, \cdots, 1; a_{i1}, \cdots, a_{in}, \dfrac{z}{n}, \cdots, \dfrac{z}{n} \right\}$；

如果 $i \in L$，则 $s_i^* = \left\{ 1, \cdots, 1, s_{in+1}, \cdots, s_{i2n}; \dfrac{z}{n}, \cdots, \dfrac{z}{n}, a_{in+1}, \cdots, a_{i2n} \right\}$。

证明：首先，根据前面的结论，$LD_{ii'}$ 是 aii' 的单调递减函数。将 $LD_{ii'}$ 改写成以下形式，并通过对其求导：

$$LD_{ii'} = a_{ii'} \frac{c_1 - x - ry}{1 + a_{ii'} + \sum_{j \in N_i, j \neq i'} a_{ij}} \tag{6.4.2}$$

可得 $\dfrac{\partial LD_{ii'}}{\partial} a_{ii'} > 0$，这意味着银行 i' 破产给银行 i 带来的损失是二者之间关联强度，即相互间存款数量的增函数。因此，银行 i 的最优选择是 $a_{ii'} = z$，对于所有 $i' \in N_i^d(g)$，即与不同类型的所有银行建立关联，并将存款平均地分配到这些银行中。证毕。

因此，对于任一银行 i 其实际的决策问题范围缩小到选择连接与之相同类型的银行的数量和存款金额。

命题 6.2：存在正数 t_1 和 t_2，$t_1 \leq t_2$，满足以下关系：

$$\frac{z}{n} \frac{c_1 - x - ry}{1 + (n + t_1) \frac{z}{n}} \leq b_1(q) < \frac{z}{n} \frac{c_1 - x - ry}{1 + (n + t_1 - 1) \frac{z}{n}}$$

$$\frac{z}{n} \frac{c_1 - x - ry}{1 + (n + t_2) \frac{z}{n}} \leq b_2(q) < \frac{z}{n} \frac{c_1 - x - ry}{1 + (n + t_2 - 1) \frac{z}{n}} \tag{6.4.3}$$

证明：根据函数的连续性质即可得到。证毕。

当 $n_j^d(g) < t_1$ 时，对于任意 $i \in N_j(g)$，有 $LD_{ij} > b_1(q)$，这意味着网络中的所有银行都将崩溃。当 $t_1 < n_j^d(g) < t_2$ 时，对于任意 $i \in N_i(g)$，有 $b_2(q) < LD_{ij} < b_1(q)$，这意味着 $N_i(g)$ 中的银行在第 2 期给予消费者的报酬率将可能低于 c_2，而其他银行 $k \in \{N - N_j(g)\}$ 在第 2 期不受

影响，仍然能够给予消费者 c_2 的报酬率。当 $n_j^d(g) > t_2$ 时，对于任意 i $\in N_j(g)$，在第 2 期仍然能保证报酬率为 c_2，而且其他银行不受影响。

三　银行的支付函数

在给定的模型背景下，任一银行 i 的支付函数与三个方面的内容有关。第一，与自己直接关联的银行的数目，即 $|N_i(g)|$。因为这涉及当遭受流动性冲击时，自己遭到破产和信誉降低的风险，以及自己建立和维护关联所需成本的问题。第二，与自己直接关联的银行 j [$j \in N_i(g)$] 的度，即 $|N_j(g)|_{\forall j \in N_i(g)}$。因为这涉及其他银行倒闭引起自己损失的风险。第三，银行建立和维护网络的成本。假定任意两个银行之间建立和维护关联的成本完全相同，度每增加 1 个单位，则将新增成本为 c。因此，对于任一银行 i，其支付函数可以表示为：

$$u_i(g) = f\{|N_i(g)|, |N_j(g)|_{\forall j \in [N_i(g) \setminus i]}, c\} = f\{k_i, k_j|_{\forall j \in [N_i(g) \setminus i]}, c\} \quad (6.4.4)$$

当与之直接关联的银行数目大于 t 时，是度的增函数；当与之直接关联的银行数目小于 t 时，是度的减函数。对于任意给定的银行 i 和度 η_i^s，银行的支付函数具有以下性质：

（1）对于任意给定的 $k_j|_{\forall j \in [N_i(g) \setminus i]} > t_1$，$u_i(g)$ 是 k_i 的单调非减函数，且满足

$$u_i(g) = \begin{cases} 0, \text{if } k_i < t_1 \\ u_{i1}(g) > 0, \text{if } t_1 < k_i < t_2 \\ u_{i2}(g) > 0, \text{if } k_i > t_2 \end{cases} \quad \text{其中 } u'_{i1}(g) > u'_{i2}(g) > 0;$$

（2）如果存在 $k_j|_{\forall j \in [N_i(g) \setminus i]} < t_1$，则必然有 $u_1(g + g_{ij}) = u_1(g - g_{ij}) = u_i(g) = 0$

这意味着，当与银行 i 直接关联的同类型银行数目小于临界值时，关联数目的变化不改变银行 i 的支付函数；在临界值处，增加直接关联的银行数目，期支付函数出现跳跃式上升；当关联数目大于临界值时，

银行 i 将不再受到金融传染导致的破产威胁，但是会面临新加入银行破产带来损失的风险。

四　对称均衡与网络形成

首先，在 Jackson 和 Wolinsky（1996）研究的基础上定义网络的稳定性，并结合本书需要进行适当拓展。

定义 6.5：令 $g_{ij} = \min(s_{ij}, s_{ji})$，如果一个网络 i 满足以下条件：

（1）$\forall g_{ij} \in g$，都有 $u_i(g) \geqslant u_i(g - g_{ij})$ 和 $u_j(g) \geqslant u_j(g - g_{ji})$；

（2）$\forall g_{ij} \notin g$，都有 $u_i(g + g_{ij}) - u_i(g)$ 和 $u_j(g + g_{ji}) - u_j(g)$ 不同时大于 0。

则称该网络为一个局部两两稳定的网络。

定义 6.5 中的第一个条件的含义为，在给定的网络中，没有任何一家银行愿意取消原本已经建立的连接关系。第二个条件的含义为，在给定的网络中不存在新的网络，使得新关联的双方的效用都增大。但是这个定义具有明显的局限性。举一个简单的例子。假定经济中存在 6 个银行，其中 4 个银行通过资产负债表连接构成网络，而另外 2 个银行相互之间以及与这 4 个银行都保持相互独立。如果构成已经形成网络的 4 个银行满足以上定义，但仍然能够通过与剩下的 2 个银行建立关联而获益，而且剩下这 2 个银行能够通过与原网络中的银行建立联系获益，那么，这个网络尽管对于原网络是局部稳定的，但是对于全局来说并不稳定。因此，本节在这里将 Jackson 和 Wolinsky（1996）两两稳定扩展为局部两两稳定，引出一个全局两两稳定的概念。

定义 6.6：记 G 为所有银行和银行间连接构成的集合，令 $g_{ij} = \min(s_{ij}, s_{ji})$，如果一个网络 $g \in G$ 满足以下条件：

（1）$\forall g_{ij} \in g$，都有 $u_i(g) \geqslant u_i(g - g_{ij})$ 和 $u_j(g) \geqslant u_j(g - g_{ji})$；

（2）$\forall g_{ij} \notin g, i \in g, j \in g$，都有 $u_i(g + g_{ij}) - u_i(g)$ 和 $u_j(g + g_{ji}) - u_j(g)$ 不同时大于 0；

（3）$\forall g_{ij} \notin g$，都有 $u_i(g + + g_{ij}) - u_i(g)$ 和 $u_j(g + + g_{ji}) - u_j(g)$ 不同时大于 0。

则称该网络在集合为一个全局两两稳定的网络。

全局两两稳定意味着一个网络的最优规模。但值得注意的是，这里并不认同全局两两稳定网络和最佳规模的唯一性。在考虑银行多种异质性和多种冲击时，在所有银行及其彼此关系构成的集合中，可能存在多个全局两两稳定的网络，而最优规模也并非绝对。

两两稳定意味着银行间两两建立联系的最优，但并不意味着不希望其他银行间建立联系。而全局稳定则意味着，所有银行在不希望自己与其他银行的联系发生变化的同时，也不希望其他银行间的直接关系发生变化。在不考虑建立和维护网络成本的情况下，可以证明两两稳定是全局稳定的。但这不是本书关注的重点，而且规范的术语和数学证明都需要投入大量的精力，因此，本书不再深究这些复杂的概念。

命题 6.3：给定本书的背景，假定 N 足够大，则存在一个唯一的对称均衡。在该均衡中，$\forall i \in N, \eta_i^*(g) = \tau$，其中 $\tau \geq n + t_1$。

证明：为了简化证明过程，首先确定均衡的对称性质。根据假定，在 $t = 0$ 时期，由于不知道流动性冲击的地点和类型，因此，此时所有银行都是同质的。这意味着均衡的对称性。

然后根据支付函数的性质，有：

$$u_1(g + g_{ij}) = u_i(g) = u_1(g - g_{ij}) = 0, \exists j \in N_i(g), s.t. \eta_j^s(g) < t_1 - 1$$

$$u_i(g + g_{ij}) > u_i(g), \forall j \in N_i(g), s.t. \eta_j^s(g) = t_1 - 1$$

这意味着，在对称均衡中，必然有 $\forall i \in N, \eta_i^s(g) \geq t_1$ 时，存在一个最优的度 τ 最大化各家银行的支付函数。证毕。

这意味着，在存在建立和维护网络成本的情况下，如果银行不考虑 $t = 2$ 时期，由于给消费者的报酬率低于 c_2 而引起信誉降低，那么，均衡状态下的网络构成为 $\{\forall i \in N, \eta_i^d(g) = n, \eta_i^s(g) = t_1\}$。如果银行间建立和维护网络需要的成本为零，而银行注重由于降低晚期消费者收益率而引起的信誉降低，那么，均衡状态下构成的网络为 $\{\forall i \in N,$ $\eta_i^d(g) = n, \eta_i^s(g) = t_2\}$。如果银行同时考虑两种成本，则在最终的对称均衡中进行权衡，$\eta_i^s(g) \in [t_1, t_2]$。

命题 6.4：给定本章的模型背景和任一银行希望最优选择的度 τ，如果银行总数 $N > \tau$，则最优网络结构为随机网络结构，对于同类型的银行，关联的概率为 $(\tau - n)/n$；如果银行总数 $N \leq \tau$，则最优网络结构为完备网络结构。

证明：命题 6.3 说明，当银行总数足够多时，存在且唯一存在一个最优选择的度 τ，此时，每家银行的效用最大化。因此，当 $N > \tau$ 时，银行会随机从同类型银行中选择 $(\tau - n)$ 家银行构建网络结构，其他每家银行与之直接连接的概率为 $(\tau - n)/n$。因此，此时的网络结构是随机网络机构。

如果 $N \leq \tau$，由于银行的支付函数在 $(t_1, \tau]$ 上单调递增，因此，对于任何一家银行而言，其最优选择都是与所有同类银行建立网络关系。由于已经假定会与所有不同类型的银行建立关联，因此，银行的最优选择是与所有银行都建立直接关联，那么此时的最优网络结构就是完备网络结构。证毕。

命题 6.4 论证了银行的最优网络结构选择，在本节给定的模型背景下，影响银行最优网络结构选择主要有三个方面的因素。第一，所有银行的总数。当银行总数足够大时，银行选择的最优网络结构始终都是随机网络结构。当银行总数较小时，银行选择的最优网络结构始终都是完备网络结构。第二，银行构建和维护网络的成本。引入银行构建和维护网络成本，保证最优度的存在和唯一性。如果不引入该成本，那么银行将无限制地扩大网络规模。第三，银行规避破产风险的偏好。由于银行的目标函数，首要考虑的是受到冲击时如何避免遭到挤兑和破产，这是银行建立网络结构的根本动机。其中第三方面的因素是不言而喻的，前文没有展开讨论，我们下一步将要正式研究这一内容。

如果银行给消费者的报酬率低于 c_2 而引起信誉降低，这不会从根本上改变命题 6.3 和命题 6.4 的结论，只会由于银行多考虑一种成本而改变其选择的最优的度。如果考虑信誉成本，两个命题的结论相对会复杂一些。如果信誉成本比建立网络的成本更重要，那么，银行选择的最优度一定会大于 $n + t_2$。如果信誉成本不是那么重要，那么，最优度的选择则可能落在 $(n + t_1, n + t_2)$ 区间上。

第五节　网络结构与稳定性

一　模型设定与网络结构

首先，与本章第三节和第四节设定的模型基本背景相同，即考虑三个时期的经济，经济中只有一种消费品。经济包含 n 个地区，每个地区都有一个连续统的消费者和一家银行，各地区的消费者只能在自己地区的银行存款。

为了简便，这里考虑 $n = 4$ 的情形，并适当简化前文模型的投资技术。假定存在两种资产可供投资。第一种是非流动性资产，其投资回收期为 2 期。在 $t = 0$ 期投入，如果在 $t = 2$ 期赎回，则回报率为 $R > 1$，但如果在 $t = 1$ 期提前赎回，则回报率为 $p < 1$。另一种投资方式是持有现金，投资回收期为 1 期，但报酬率始终为 1。

为了简便，这里直接引入一个意外的外生流动性冲击，即在 $t = 1$ 期，银行突然面临一个未预期到的流动性需求增加，增加量为 θ。在这个简化的模型中，只考虑刚好保障银行不破产的缓冲器 1，而不考虑不影响其信誉的缓冲器 2。由于不会存在概念上的混淆，这里将缓冲器 1 简称为缓冲器，其表达式如下：

$$b = r(1 - x - \frac{1 - q}{R}) \tag{6.5.1}$$

因此，如果 $\theta < b$，则遭受冲击时，银行不会破产。此时，银行能够支

付给存款者的报酬率满足 $c_1 = 1 < c_2 < R$。如果 $\theta > b$，则将导致 $c_2 < c_1$，使得银行发生挤兑并导致其破产。此时，由于发生挤兑，则可强行地令给两类消费者的报酬率相同，其表达式为：

$$c_1 = c_2 = I(p) - \theta, \text{where } I(p) = x + (1-x)p \qquad (6.5.2)$$

同样地，为了应对流动性风险，每个银行都有 $z = q_h - q$ 部分的资金存入相应的银行。这里将网络结构分为三种类型：不完备（环形）网络结构、完备网络结构和不完全连接网络结构。在总共只有 4 家银行的背景下，三种网络结构如图 6-3 所示。

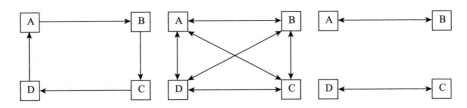

图 6-3　三种不同类型的网络结构

注：以上三个图形从左到右分别是不完备（环形）网络结构、完备网络结构和不完全连接网络结构。

图中箭头表示银行的存款关系。在不完备（环形）网络结构中，银行 A 将资金存入银行 B，银行 B 将资金存入银行 C，银行 C 将资金存入银行 D，银行 D 将资金存入银行 A。这种资产负债表关系是单向的。在完备网络结构中，每一家银行都与另外三家银行存在双向的资产负债表关系。而在不完全连接网络结构中，银行被分为两组，$\{(A,B),(C,D)\}$。每组银行内部之间存在双向的资产负债表关系，但组与组之间并不相互发生资产负债表关联。

二　不完备（环形）网络结构

假定最初遭到流动性冲击的是银行 A，如果银行 A 倒闭，则冲击先传染给银行 D，然后传给银行 C，最后传给银行 B。因此，在环形网络结构中，冲击传递路径为 A→D→C→B。假定银行 A 最初遭到的流动性冲击足够大，$\theta > b$，导致银行 A 破产，此时，银行 A 给储户的报酬率为：

$$c_1^A = \frac{I(p) - \theta + zc_1^B}{1 + z} < 1 \tag{6.5.3}$$

损失传递给 D 银行后，银行 D 遭受的流动性冲击为 $z(1 - c_1^A)$。逆向推导并求出银行 D 不会破产的冲击程度。如果银行 D 生存，则 $c_1^D = 1$。因此，可解得银行 D 遭受的流动性冲击为：

$$\theta_1 = \frac{z}{1 + z}[\theta + 1 - I(p)] \tag{6.5.4}$$

因此，可知经过传递后的流动性冲击强度与银行间的存款额度和 p 正相关。如果 $\theta_1 > b$，那么，银行 D 也会倒闭。此时，银行 D 能够提供给储户的回报率为：

$$c_1^D = \frac{I(p) + zc_1^A}{1 + z} = \frac{I(p) - \theta_1 + z}{1 + z} < 1 \tag{6.5.5}$$

根据归纳法，当某一银行路径前面的银行都倒闭时，则该银行面临的流动性短缺为：

$$\theta_n = \frac{z}{1 + z}[\theta_{n-1} + 1 - I(p)] \quad \text{for } n \in \{2,3\} \tag{6.5.6}$$

假定银行 B 前面路径的银行都倒闭，如果银行 B 生存，即 $\theta_3 < b$。如果 $\theta_3 > b$，则所有银行都将倒闭。此时：

$$c_1^C = \frac{I(p) + zc_1^D}{1 + z}, c_1^B = \frac{I(p) + zc_1^C}{1 + z}$$

这意味着 $c_1^A < c_1^D < c_1^C < c_1^B < 1$。

进一步将环形网络结构扩大，考虑具有 $n > 4$ 个环形网络结构。根据递归方法，可以发现在环形网络结构中：

$$\lim_{n \to \infty} \theta_n^{incom} \to z[1 - I(p)] \qquad (6.5.7)$$

上标 *incom* 表示环形网络结构，在后文，上标 *com* 和 *discom* 分别表示完备网络结构和不完全连接网络结构。这意味着，如果 $z[1 - I(p)] > b$，则不论这个环形网络结构中包含多少家银行，一旦遭受冲击，整个银行网络都将崩溃。

三 完备网络结构

在完备网络结构中，每一个双向的连接同时对应着 $z/2$ 的存款和索取权。考虑一个意外的冲击，假定 $\theta > b$，那么，A 能够支付的报酬率为：

$$c_1^A = \frac{2I(p) - 2\theta + zc_1^B + zc_1^C + zc_1^D}{2 + 3z} < 1 \qquad (6.5.8)$$

记最优情形为除第一个遭受冲击的银行外，其他银行刚好都不会遭到挤兑，即 $c_1^B = c_1^C = c_1^D = 1$。此时，银行 B、C 和 D 的流动性短缺为：

$$\theta_1 = \frac{z}{2}(1 - c_1^A) = \frac{z}{2 + 3z}[\theta + 1 - I(p)] \qquad (6.5.9)$$

此时，银行系统崩溃的条件为 $\{\theta > b, \theta_1 > b\}$。通过比较完备网络结构和不完全网络结构的推导结果，可以发现，最优情形下边际流动性冲击满足以下关系：

$$\theta_1^{com} < \theta_1^{incom} \qquad (6.5.10)$$

这意味着相对环形网络结构，完备网络结构更加有利于限制流动性冲击的传播。因为有更多的银行来分担流动性冲击，这也导致流动性冲击会使更多的银行产生损失。

四 不完全连接网络结构

对于不完全连接网络结构，则每一个连接对应着 z 的交叉存款和索取权。在不完全连接网络结构中，由于每家银行都只将资金存在其他一家银行中，因而有：

$$\theta_1^{discom} = \theta_1^{incom}$$

不完全连接网络结构与环形网络结构一起开始崩溃，但是这种崩溃将在两家银行崩溃后停止。因此，不完全连接网络结构在应对银行崩溃时更优。

尽管 Allen 和 Gale（2000）发现了不完全连接网络的优越性，但是他们的研究主要集中在论证完备网络结构的优越性方面，因此忽略了这一点。但是通过本节的研究发现，完备网络结构有利于分散风险，在应对比较小的冲击的时候更合适。但是不完备网络和不完全连接网络更加擅长控制银行系统的挤兑和崩溃，在应对较大流动性冲击的时候更加合适。这个结论与 Acemoglu 等（2015）的研究相似，Acemoglu 等（2015）认为，随着流动性冲击的增大，当冲击幅度较小，不足以让任何银行倒闭时，完备网络结构最有利于分担风险，因此是最优的网络结构。但是当冲击幅度较大，能够让直接遭受冲击的银行倒闭时，不完全连接网络结构则更优，因为可以保证一定数量的银行不受冲击的影响。而环形网络结构和完备网络结构则可能导致冲击传染到多家银行，引发大面积的银行崩溃，最终造成严重的金融危机。这种随着初始冲击幅度逐步变大，对应的最优银行网络结构也发生变化的现象，被 Acemoglu 等（2015）称为相位转变（Phase Transition）。

第六节　小结与政策建议

网络化已经成为金融系统的一个重要特征。金融网络在应对风险方面具有非常重要的作用。本章主题是网络结构、金融传染与系统风险，以银行系统为例主要从两个方面做了研究：第一，金融机构之间的网络关系以及不同的网络结构是如何形成的；第二，不同网络结构在应对风险和恢复能力方面的比较。通过研究，本章主要结论如下。

第一，对于一个金融系统，流动性冲击并不一定完全来自总量需求或供给的变化。在总的流动性供给充足的时候，储蓄者偏好分布的不确定性也会产生很大的流动性冲击，威胁银行系统的稳定性。当缺乏耐心的储蓄者数量高于银行预期时，银行就可能遭遇流动性短缺的冲击。

第二，应对流动性冲击，一个重要的手段是进行银行间资产负债表关联，即通过银行间的相互拆借或者存款来分散流动性风险。但是并非所有银行都具有分散流动性风险的功能。只有遭受流动性冲击与相应银行不同者，才能起到分散风险的作用。如果两家银行遭受到的流动性冲击相同，那么，这两家银行不能为彼此分担流动性风险。

第三，本章结合博弈论和社会网络的基本知识，基于规避破产风险是银行建立网络的基本动机构建了一个经济学模型，研究了不同结构的银行网络的形成过程。

第四，在本章模型背景下，银行网络的最优规模和网络结构取决于四个方面的因素：第一，经济中总共存在的银行的数量；第二，倒闭银行给与之关联的银行带来的损失大小；第三，银行建立和维护网络的成本函数；第四，银行降低长期储户的报酬率对银行信誉的影响。

第五，通过对不同结构的银行网络系统的对比发现，最优网络结构与遭受的流动性冲击的大小密切相关。当最初遭受的流动性冲击较小，不足以导致银行倒闭时，完备网络结构最有利于分担风险和控制损失。但是当最初的冲击较大，能够引起先遭到冲击的银行倒闭时，不完全连接网络结构更加有利于抵御风险，能够保护部分银行不遭受损失。

结合本章的主要研究内容和结论，下面提出一些政策建议。

第一，金融网络在分担风险方面具有非常重要的作用。要鼓励金融机构，尤其是银行建立充分的网络，以应对潜在的系统风险。

第二，通过体制机制的改革，削减金融机构建立和维护金融网络的成本。只有当建立和维护网络的成本足够低时，才能建立有效的网络。

建立金融机构的信誉机制，提高金融机构的信誉意识，以促使它们建立合理的金融网络进而规避风险。

第三，鼓励不同类型的金融机构相互间建立网络，这样更加有利于分散风险。由于不同类别的金融机构面临的风险不同，当流动性冲击发生时，部分银行没有遭到冲击，或者遭到完全反方向的冲击，更加能够分担风险，保证整个金融系统的稳定性。

第四，在建立网络时不是盲目地进行银行间的相互存款和拆借，要有选择性地建立不同类型的网络结构。在经济运行相对平稳的时期，鼓励金融机构建立完备网络结构。但是当经济波动幅度较大，甚至处于金融危机前期时，应当建立不完全连接网络结构，以免风险通过金融传染波及整个金融系统。要通过切断部分银行间的依赖关系，阻止风险的进一步扩散。

第七章
流动性约束、居民消费与宏观均衡

中国经济发展进入新常态以来，消费对经济增长的贡献日益凸显，正逐渐成为经济增长的主要驱动力。近些年来，政府一直致力于扩大居民消费需求，强调调整投资与消费的关系，加快建立扩大消费需求长效机制，逐步提高消费占 GDP 的比重，促进经济增长向依靠消费、投资、出口协同拉动转变。但是居民消费需求潜力仍有待进一步释放。居民人均消费水平占人均 GDP 的比重由 2000 年的 46.9% 持续下降至 2010 年的 35.4%，近年来虽略有回升，2016 年为 39.3%，但仍远低于 60% 左右的世界平均水平。2013 年以来，人均消费支出累计同比实际增速也呈下降趋势，由 7.5% 下降至 2017 年的 5.4%。在中国经济由高速增长转向高质量发展的过程中，居民消费对经济发展将起到基础性作用，因此，研究消费对中国经济实践具有重要意义。

从理论上讲，消费对于经济的长期增长和短期波动都具有十分重要的意义。对于经济增长来说，社会资源在各种投资和消费之间的配置结构与配置效率，决定了经济的长期增长率。这种配置关系由家庭和厂商之间的相互作用决定，在给定投资风险、预期收益率以及资本回收周期等的条件下，家庭将可支配收入在消费和储蓄之间进行分配，而厂商在给定利率、产出预期等条件下选择最优的投资需求。对于短期经济波动而言，由于消费和投资占据了商品需求的绝大部分，因此，为了更加清楚地理解政府购买、技术进步以及货币政策等因素对总产出的影响，我们有必要知道消费和投资是如何确定的。研究消费还有另外两个原因：第一，这方面的研究涉及金融市场的一些重要问题，金融市场主要通过作用于消费和投资来影响宏观经济，而消费和投资对金融市场也具有重要的反馈效应；第二，在近几十年中，宏观经济研究中许多实证研究与消费和投资有关。

本章试图基于一系列的经典文献构建一个相对统一的框架，并在该框架下讨论流动性约束对消费者的消费和储蓄行为以及宏观经济均衡的影响。第一节简单介绍宏观经济学中的经典消费理论，包括持久性收入理论、随机游走理论和预防性储蓄理论。虽然一些宏观经济学教材也将流动性约束的消费理论列入经典消费理论，但为了保证讨论流动性约束对影响的一致性和行文的连贯性，本章在第二节专门介绍流动性约束对家庭消费和储蓄行为的影响。第三节则在第二节的基础之上，将流动性约束放入一个更加完整的宏观经济框架，考察流动性约束对均衡利率和实际产出等的影响。第四节则结合实证研究结论对流动性约束理论模型进行评述。最后是小结与政策建议。

第一节 经典的消费模型及其含义

为了保证理论框架的一致性，本节首先设置一个基本的模型背景。考虑一个经济，具有连续统 $[0,1]$ 上的同质的消费者。消费者的即期效用函数为 $u(c_t)$，其中 c_t 为 t 时期的消费，效用函数满足一般假定 $u'(\cdot) > 0, u''(\cdot) < 0$。在考虑预防性储蓄时，将对效用函数的三阶导数进行进一步的假定。用 λ 表示消费者的时间偏好率，用 β 表示消费者的效用折现率，则 $\beta = (1 + \lambda)^{-1}$，用 r 表示实际利率，消费者的问题可以描述为：

$$\max_{\{c_t, a_{t+1}\}_{t=1}^{\infty}} E_0 \left[\sum_{t=1}^{\infty} \beta^t u(c_t) \right]$$
$$s.t.\ c_t + a_{t+1} = ra_t + y_t \tag{7.1.1}$$

其中 a_t 为 t 期消费者拥有的资产，y_t 为 t 期消费者的收入。

一 持久性收入理论

持久性收入理论由 Modigliani 和 Brumberg（1954）以及 Friedman（1957）提出，是现代宏观经济消费理论的重要起源之一。为了阐释清楚持久性收入理论的原理及其经济学含义，这里将模型背景设定适当简化。为了使"持久性"的意义更加明确，我们将消费者的视野或寿命从无穷期改变为 T 期，并假定 $\lambda = 0$ 以及 $r = 0$，不考虑消费者可能遭到的流动性约束，即消费者可以随时借款进行消费，则 a_t 可以为负值。

在简化模型设定下，对问题（7.1.1）求解。根据欧拉方程可以得到最优解的特征：

$$u'(c_t) = u'(c_{t+1}) \tag{7.1.2}$$

再结合消费者的终身预算约束条件：

$$\sum_{t=1}^{T} c_t = a_1 + \sum_{t=1}^{T} y_t, \ a_{T+1} = 0 \tag{7.1.3}$$

可以得到每一期的消费为：

$$c_t = \frac{a_1 + \sum_{s=1}^{T} y_s}{T} \tag{7.1.4}$$

上式右边就是 Friedman（1957）所说的持久性收入（Permanent Income），而当期收入与持久性收入之差就是暂时性收入（Transitory Income）。持久性收入与暂时性收入的区别在于，任何暂时性的收入变化都要平均分配到消费者的整个寿命周期 T，使得持久性收入仅发生少量变化，进而使当期消费量仅发生少量变化，而持久性收入的变化将引起消费等的变化。

持久性收入理论的含义是，消费和储蓄由消费者的财富水平、偏好和不同年龄的需求决定，不受收入在时间序列上的分布方式影响。收入的暂时性上升和持久性上升对消费的影响不相同。暂时性收入上升将导致消费者只减少很少的一部分，而大部分暂时性收入将用于储蓄，以平滑后期的消费水平；而持久性收入的上升会导致当期消费大幅上升，储蓄水平保持不变。消费者储蓄并非看重储蓄本身，而是为了未来的消费。

二 随机游走理论

随机游走理论主要由 Hall（1978）提出，该理论将持久性收入理论扩展到个人收入不确定的情形。除收入变得不确定之外，随机游走理论不改变其他基本设定，此时求解消费者最优化问题的欧拉方程变为，对于任意时期 t 都有：

$$u'(c_t) = (1 + \lambda)^{-1} E_t [ru'(c_{t+1})] \tag{7.1.5}$$

同样为了简便，这里仍然假定实际利率和贴现率为 0，效用函数采用 CRRA 的形式，如 $u(c) = \dfrac{c^{1-\theta} - 1}{1 - \theta}$。如果消费是条件对数正态的，则将效用函数代入欧拉方程，进行线性对数化处理后，有：

$$E_t[\Delta \ln c_{t+1}] = \frac{1}{\theta}[\log r + \log(1 + \lambda)] + \frac{\theta}{2} \text{var}_t(\Delta \ln c_{t+1}) \tag{7.1.6}$$

这意味着消费服从于一个带漂移项的随机游走过程。

随机游走理论的内涵为消费的变化是不可预测的。如果人们能够预测到消费将要发生变化，就可以更好地平滑消费。例如，如果人们预期今后消费将要减少，当期的边际效用小于未来消费的期望边际效用，那么，他们会降低当期消费以最大化终身效用水平。消费者会一直调整当期消费，直到其预计消费不再发生变化为止。

如果效用函数 $u(c_t)$ 是二次型的，效用函数的一阶导数就是线性的，那么，消费者的行为将满足确定性等价性质。消费者在不确定性条件下选择的消费数量，与其拥有确定且等于各期收入均值的未来收入时选择的消费是一样的，即未来收入的不确定性对消费没有影响。但值得注意的是，确定性等价仅在二次型效用函数的假定下成立，如果效用函数不是二次型的，那么，效用函数的一阶导数就不是线性的，确定性等价将不再成立。

三 预防性储蓄理论

预防性储蓄理论的主要贡献者包括 Leland（1968）、Carroll（1992，1997）等。预防性储蓄理论进一步考虑效用函数的三阶导数，假定 $u'''(c_t) > 0$。这意味着随着消费量的增加，边际效用的下降速度逐渐减缓。CRRA 形式的效用函数满足该假定。

再次考虑欧拉方程（7.1.5），对于任意满足该方程的消费组合 (c_t, c_{t+1})，由于 $u'''(c_t) > 0$，这意味着 $u'(c_t)$ 是一个凸函数，因此，有 $E_t[u'(c_{t+1})] > u'[E_t(c_{t+1})]$。相对于二次型的效用函数，三阶导数为正相当于欧拉方程右边变大，这要求等式左边也必须扩大，为了维持等式，t 期消费应当减少，储蓄增加。因此，效用函数的三阶导数为正结合未来收入的不确定性，就意味着当期消费量减少和储蓄增加。这种增加的储蓄就是 Leland（1968）所谓的预防性储蓄。

预防性储蓄理论的含义是，当家庭收入增加时具有更低的边际消费倾向，消费者减少当期消费，增加当期的储蓄。但是这种预防性储蓄行为常常会受到贴现率的反向影响，高的贴现率往往使得家庭减少储蓄，提高当期消费。Carroll（1992，1997）认为，消费者对预防性储蓄和贴现率的权衡结果是解释家庭边际消费倾向和储蓄率的关键因素。

第二节 流动性约束下的消费与储蓄行为

流动性约束理论的早期贡献者主要有 Hayashi（1985）、Zelds（1989）以及 Deaton（1991）等。本节将在前一节模型框架的基础上，基于 Deaton（1991）的研究，讨论遭到流动性约束时，消费者的消费与储蓄行为。这里引入一些新的假定，并细化一些上一节就有的假定。第一，消费者面临着流动性约束，预算约束是非对称的，消费者可以通过储蓄的方式为未来消费保险，但不能进行借贷。这意味着消费者在任何时候的自有资产 a_t 都不能小于 0。第二，消费者的收入仍然具有不确定性，随着时间变化收入 y_t 在区间 $[y_{min}, y_{max}]$ 上服从累积概率分布函数为 $F(\cdot)$ 的独立同分布，其中 $y_{min} > 0$。第三，假定消费者是没有耐心的，即 $\lambda > r$。而效用函数的三阶导数为正的假定在本节并不是必需的，因此，消费者面临的最优化问题可以描述为：

$$\max_{a_t, c_t} E_0 \left[\sum_{t=1}^{\infty} (1 + \lambda)^{-t} u(c_t) \right]$$
$$\text{s. t. } a_{t+1} = (1 + r)a_t + y_t - c_t, c_t \geqslant 0, a_t \geqslant 0 \quad (7.2.1)$$

用 x_t 表示消费者可支配的资金，则：

$$x_t = (1 + r)a_t + y_t \quad (7.2.2)$$

流动性约束意味着 $c_t \in [0, x_t]$。将上式代入问题（7.2.1），则消费者的问题可以重新记为：

$$\max_{c_t \in [0, x_t]} E_0 \left[\sum_{t=1}^{\infty} (1 + \lambda)^{-t} u(c_t) \right]$$
$$\text{s. t. } x_{t+1} = (1 + r)(x_t - c_t) + y_{t+1} \quad (7.2.3)$$

此时，消费者最优化问题的值函数方程为：

$$V(x) = \max_{c \in [0, x]} \left\{ u(c) + (1 + \lambda)^{-1} \int V[(1 + r)(x - c) + y] dF(y) \right\} \quad (7.2.4)$$

分别用 $C(x)$ 和 $A(x) = x - C(x)$ 表示消费和资产的政策函数，那么，消费者最优化问题对应 Bellman 方程的一阶条件可以表示为：

$$\frac{u'[x - A(x)]}{(1 + r)/(1 + \lambda)} \begin{cases} = E\{V'[(1 + r)A(x) + y]\}, \text{if } A(x) > 0 \\ \geqslant E\{V'[(1 + r)A(x) + y]\}, \text{if } A(x) = 0 \end{cases} \quad (7.2.5)$$

根据 Mendelson 和 Amihud（1982）以及 Deaton 和 Laroque（1992）的研

究，在某一期流动性约束是否对消费者有效，取决于消费者可支配资金与一个临界值 x^* 的关系。

命题7.1：存在一个 $x^* > y_{\min}$，当 $x \leq x^*$ 时，流动性约束对消费者有效，消费者当期消费等于当期可支配资金，即 $c_t = x_t$；当 $x > x^*$ 时，流动性约束对消费者无效，消费者当期消费小于可支配资金，即 $c_t < x_t$。

这意味着，从某一个初始的资产水平开始，消费者获得收入，当总的收入和资产低于 x^* 时，消费者将把所有可支配资金用于消费，即下期期初没有任何存款，消费者的消费等于当期收入。这时候消费者的边际消费倾向等于1。这个性质与消费者是否具有谨慎的偏好无关，即便效用函数三阶导数不大于0，当消费者持有可支配资金大于 x^* 时，消费者当期也会进行储蓄，此时边际消费倾向小于1。图7-1呈现了消费与储蓄的典型曲线形状。

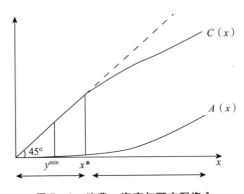

图7-1 消费、资产与可支配资金

根据模型的基本假定，显然可以发现 $C(x)$ 关于 x 是严格递增的，而结合前面的分析 $A(x)$ 关于 x 是弱递增的，这一点从图7-1也能体现。消费者持有可支配资金的动态演化路径为：

$$x_{t+1} = (1 + r)[x_t - C(x_t)] + y_{t+1} \tag{7.2.6}$$

这意味着

$$E(x_{t+1}) \begin{cases} \geqslant x_t, \text{if } C(x_t) \leqslant \dfrac{rx_t + E(y_{t+1})}{1+r} \\[3mm] < x_t, \text{if } C(x_t) > \dfrac{rx_t + E(y_{t+1})}{1+r} \end{cases}$$

因此，消费者持有资金的变化取决于 $C(x_t)$ 与 $[rx_t + E(y_{t+1})]/(1+r)$ 之间的关系，图 7 - 2 呈现了二者的典型曲线形状。

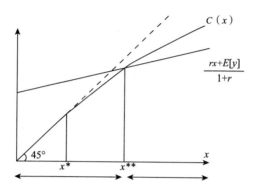

图 7 - 2 可支配资金变化的决定

命题 7.2：给定消费者是缺乏耐心的，即 $\lambda > r$，以及消费者的偏好是风险规避，即 $u''(c_t) < 0$，存在一个 x^{**}，使得 $C(x_t)$ 与 $[rx_t + E(y_{t+1})]/(1+r)$ 两条曲线相交于 $x = x^{**}$ 之处。

如图 7 - 2 所示，当实际利率上升或者预期收入上升时，x^{**} 的值都将上升。一般来说，依据实际利率和预期收入的取值不同，这两条曲线交点可能低于也可能高于 x^{*}。如果 $x^{*} \leqslant x^{**}$，则当 $x \leqslant x^{*}$ 时，消费者受到流动性约束，手中现金消费将会减少；如果 $x \in [x^{*}, x^{**}]$，消费者将会进行少量储蓄以备不测；当 $x > x^{**}$ 时，消费者将进行一定量的储存，但是手中的资产数量将会减少。这被称为经典的流动性约束理论中的缓冲储备行为。

Zeldes（1989）考虑了一种特殊的情形：流动性约束在当期是无效的，但它可能在未来一段时间内是有效的，这也会降低当期消费。例如，假定下一期存在低收入的可能，如果没有流动性约束，而且下一期收入确实较低，那么，消费者可以通过借款来避免消费急剧下降。但是如果有流动性约束，那么，除非个人有储蓄，否则收入的减少将导致消费大幅降低。因此，流动性约束的存在使得消费者把储蓄当作防范未来收入下降的保险。

流动性约束与消费者缺乏耐心二者相结合能够在一定程度上解释家庭典型地持有一定量的储蓄的现象。存在流动性约束时，不论消费者的效用函数是否为二次型的，缺乏财富的家庭均面临收入增加与减少的非对称风险。收入的大幅下降使得消费相应减少，消费的边际效用大幅上升；当收入大幅上升，家庭储蓄迅速增加，导致消费的边际效用只在一定程度上下降。这也是未来可能的流动性约束降低当期消费的原因。但是诸多实证研究表明，流动性约束和缺乏耐心产生的影响并没有那么大，不足以解释大多数家庭具有小额储蓄的现象。因此，很多学者还同时考虑了预防性储蓄动机。三阶导数为正的效用函数提高了消费者为自己未来消费的保险额度，以避免因收入下降而引发消费下降的风险，因而增加了消费者的储蓄，使之高于因流动性约束而产生的储蓄水平。

第三节　一般均衡模型中的消费与流动性约束

前两节为了集中讨论流动性约束对消费者消费和储蓄行为的影响，直接假定一个外生给定的实际利率水平，而且在讨论预防性储蓄和流动性约束时，都假定这个外生的实际利率小于贴现率。本节将基于 Aiya-gari（1994，1995）、Guerrieri 和 Lorenzoni（2017）的研究，构建一个简单的一般均衡模型，讨论消费者流动性约束对整个宏观经济均衡的影响，将实际利率内生化，并说明实际利率小于贴现率这个核心假定的合理性。

同样考虑具有一个连续统的消费者经济，生产函数为 $f(k_t, l_t)$。生产函数设定符合一般宏观经济学模型假定。为了引入消费者收入的不确定性，假定随着时间变化劳动遭受一个独立同分布的随机冲击，l_t 在区间 $[l_{min}, l_{max}]$ 内的累积分布函数为 $F(\cdot)$，其中 $l_{min} > 0$。为了简便，将劳动标准化，使其均值为 1。假定最初消费者都具有相同的资产水平 a_0。假定资本市场是不完全的，不能对劳动保险，因此，与 Deaton（1991）的设定一样，消费者面临着类似的收入波动问题。用 w_t 表示劳动的工资率，b 表示外生的借贷限制，则消费者预算约束可以拓展为：

$$c_t + a_{t+1} = (1 + r)a_t + wl_t, c_t \geqslant 0, a_t \geqslant -b \qquad (7.3.1)$$

如果消费者任意时期的消费和资产的现值都不小于 0，则要求 $a_t \geqslant -\dfrac{wl_{min}}{r}$，意味着这是一个内生的消费者借贷约束。因此，消费者最终面临的借贷约束同时取决于内生和外生的限制，这可以描述为：

$$a_{t+1} + \phi \geqslant 0, \phi = \min\left\{b, \frac{wl_{min}}{r}\right\} \qquad (7.3.2)$$

由于相对前一节，消费者的预算约束发生变化，这里采用一个新的符号 z_t 表示消费者在 t 期可以利用的总资源或者可支配资金，则 z_t 可以表示为：

$$z_t = (1 + r)a_t + wl_t + \phi \qquad (7.3.3)$$

定义 $\dot{a}_{t+1} = a_{t+1} + \phi$，则消费者的预算约束可以分别重新记为：

$$c_t + \dot{a}_{t+1} = z_t, \dot{a}_{t+1} \geqslant 0 \qquad (7.3.4)$$

结合式（7.3.3）和式（7.3.4），可以得到消费者可支配资金的演化方程为：

$$z_{t+1} = (1 + r)\dot{a}_{t+1} + wl_{t+1} - r\phi \qquad (7.3.5)$$

用 $V(z_t, b, w, r)$ 表示消费者问题的最优值函数，因此，求解消费者面临的最优化问题对应的 Bellman 方程为：

$$V(z_t, b, w, r) = \max_{\dot{a}_{t+1} \in [0, z_t]} u(z_t - \dot{a}_{t+1}) + \beta \int V(z_{t+1}, b, w, r) \, dF(l_{t+1})$$

$$s.\,t.\,z_{t+1} = (1 + r)\dot{a}_{t+1} + wl_{t+1} - r\phi \tag{7.3.6}$$

记以上问题的解为 $\dot{a}_{t+1} = A(z_t, b, w, r)$，根据模型假定 $A(g)$ 是关于 z_t 的单调递增函数，消费者可支配资源和消费者持有资产的最优演化方程可以分别记为：

$$z_{t+1} = (1 + r)A(z_t, b, w, r) + wl_{t+1} - r\phi \tag{7.3.7}$$

$$a_{t+1} = A[(1 + r)a_t + wl_t - r\phi] - \phi \tag{7.3.8}$$

又由于 $\{l_t\}_{t=0}^{t=\infty}$ 是一个独立同分布的随机过程，因此，最优消费者可支配资金 $(z_t)_{t=0}^{t=\infty}$ 服从一个内生的马尔可夫过程。进一步地，由于 $A(g)$ 单调，消费者持有资产 $\{a_t\}_{t=0}^{t=\infty}$ 也服从一个内生的马尔可夫过程。特征与上一节结论相似，但是 $V(z_t)$ 和 $A(z_t)$ 函数仍然取决于 w 和 r。

命题 7.3：存在一个 $\dot{z}$，当 $z_t \leqslant \dot{z}$ 时，流动性约束对消费者有效，消费量等于当期可支配资金，储蓄为 0；当 $z_t > \dot{z}$ 时，流动性约束对消费者无效，消费量小于当期可支配资金。

证明：具体证明过程参见 Aiyagari（1995）命题 3。

图 7-3 和图 7-4 中呈现了在实际利率小于贴现率的假定下，消费、资产以及可支配资金的典型形状。消费者总是愿意借贷以最大化效用水平，但其借贷行为被借贷约束所限制。当消费者可支配资金减少时，消费者会逐渐增加借款以维持消费，直到在某一点，消费者持有的可支配资金足够少，以至于消费者的最优决策就是借款达到最大限额 ϕ。因此，存在一个正的可支配资金余额 $\dot{z} > z_{min} = wl_{min} - r\phi \geqslant 0$，满足只要 $z_t \leqslant \dot{z}$，消费者的最优决策就是消费掉所有手上可用的资金，即 $c_t = z_t$ 和 $\dot{a}_{t+1} = 0$，并按照最大限额 ϕ 借款。当 $z_t > \dot{z}$ 时，c_t 和 $\dot{a}_{t+1}$ 都随着 z_t 的变化严格递增，且二者的斜率都小于 1。此时对于消费者来说，借贷余额没有达到最大限额，因此，流动性约束对其无效。

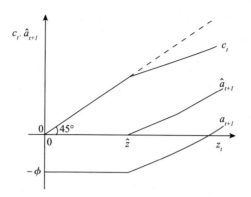

图 7 - 3　消费与资产变化

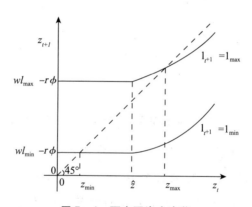

图 7 - 4　可支配资金变化

可以证明，如果消费者的相对风险规避系数也是有限的，则 (7.3.7) 代表的马尔可夫过程的支集是有限的，这意味着存在一个 z^*，当 $z_t \geq z^*$ 时，$z_{t+1} \leq z_t$ 的概率为 1。[①] 此时，$\{z_t\}$ 服从一个唯一的稳定的分布，且 z_t 关于参数 (b, w, r) 是连续的。对于任意给定的工资率水平 w，用 Ea_w 表示预期长期平均资产，则结合前面的分析可以表示为：

$$Ea_w = E\{A(z, b, w, r)\} - \phi \tag{7.3.9}$$

图 7 - 5 呈现了在给定实际工资率的条件下，预期长期平均资产与

---

① 具体证明过程参见 Aiyagari（1994）的命题 5。

实际利率的关系。根据 Clarida（1987）的研究，在给定 w、z 和 b 的条件下，Ea_w 是实际利率 r 的连续函数，且当 r 趋近于贴现率 λ 时，预期长期平均资产 Ea_w 趋近于无穷大。因为如果实际利率大于贴现率，消费者总可以通过延缓消费获得更大的效用，因而将各期收入都用于储存，这显然是不合理的。

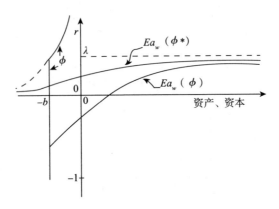

图 7 - 5　预期长期平均资产与实际利率的关系

用 $f(k,1)$ 表示人均产出，δ 表示资本的折旧率，则式（7.3.11）决定了实际利率与资本的函数关系 $K(r)$。根据模型基本设定，曲线 $K(r)$ 的斜率为负，且当 r 趋近于 δ 的时候，资本趋近于正无穷。用 $w(r)$ 表示工资与实际利率之间的关系，显然在 $r \in [-\delta,\infty)$ 上，实际工资率从正无穷递减且趋近于 0，又已经知道对于给定的实际工资率，Ea_w 单调连续递增，且当 r 趋近于贴现率 λ 时，预期长期平均资产 Ea_w 趋近于无穷大。因此，$Ea(r)$ 在 $r \in (-\delta,\lambda)$ 区间内单调递增。在图 7 - 6 中，曲线 NI 表示 $Ea(r)$ 曲线，均衡由 $K(r)$ 和 $Ea(r)$ 两条曲线的交点 e^n 决定。

这个经济由两个市场构成，资产资本市场和劳动市场。资产资本市场的均衡由两个部分构成：第一，消费者供给的资产等于生产者的资本需求，即资产市场出清，由式（7.3.10）表示；第二，实际利率调整以保证资本的供给等于需求，即资本市场供需均衡，由式（7.3.11）

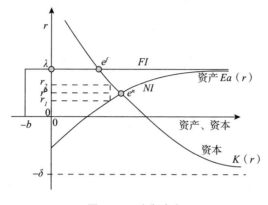

图 7 - 6　均衡决定

表示。劳动市场出清则取决于实际工资率等于边际人均劳动产出，由式 (7.3.12) 表示。

资产市场出清：

$$k = E[a|w(r),r] \qquad (7.3.10)$$

资本市场均衡：

$$r = f_k(k,1) - \delta \qquad (7.3.11)$$

劳动市场出清：

$$w = f_l(k,1) \qquad (7.3.12)$$

因此，以上三个方程和三个未知数 (k^*, r^*, w^*) 决定了经济的均衡。

前面考虑了收入不确定的情形，接下来考虑收入确定的影响。当消费者收入确定的时候，如果实际利率小于贴现率，则消费者将尽最大限度借贷，其资产持有始终等于 $-\phi$；如果实际利率等于贴现率，则消费者持有资产余额不变，始终等于其最初持有数量；如果实际利率大于贴现率，消费者将不消费，所有收入用于储存，资产累积到无穷大。此时，在图 7 - 6 中 $Ea(r)$ 曲线可以用 FI 表示，均衡为 e^f，均衡利率为

$r^* = \lambda$。因此，可以发现实际利率小于贴现率的关键在于消费者收入的确定性。如果收入是不确定的，均衡实际利率将小于贴现率；如果收入不存在不确定性，均衡的实际利率等于贴现率。

接下来，考虑外生借贷约束变化的影响。当消费者遭到信贷紧缩时，外生的借贷约束变紧，b 变小，消费者将增加储蓄，导致 $Ea(r)$ 曲线将向右下平移，最终使得均衡利率下降，消费者持有资产余额上升。信贷紧缩将导致实际利率下降，消费者持有资产余额上升，这又将导致实际工资率下降和经济产出上升。但是如果进一步将模型扩展到考虑投资需求，则当外生借贷约束限制变紧时，经济的资本供给和投资水平将下降，将导致在短期中产出的下降，实际利率也降到更低的水平。因此，如果同时考虑外生借贷约束对消费和投资两个渠道的冲击，则最终的结果是实际利率下降，但长期产出水平仍然可能上升。

尽管 Aiyagari（1994）的模型能够预测金融冲击的长期效应，但难以解释金融冲击对宏观经济的短期影响，比如在产出方面的结论与短期中观测到的经济事实（如 2008 年的金融危机）不相吻合。因此，这里进一步简要介绍 Guerrieri 和 Lorenzoni（2017）的研究，以讨论金融冲击的短期效应。相对于 Aiyagari（1994）的模型，Guerrieri 和 Lorenzoni（2017）同样假定消费者收入不确定且不能被投保，消费者同样遭受外生的借贷约束，但由于要集中研究短期效应，假定企业的资本外生给定，而劳动供给进入效用函数是内生决定的。通过理论分析和数值模拟，他们的研究显示，当发生信贷紧缩冲击时，经济的产出和实际利率相对于初始路径下降，且相对于金融冲击的强度，实际利率和产出波动的幅度更大。对于流动性约束生效临界点附近的消费者，在新的路径中消费大幅下降，劳动供给上升；而远离约束生效临界点的消费者，在新的路径下消费略微上升，劳动供给稍微下降。因此，新的路径是：产出最开始大幅下降，幅度超过金融冲击的强度，然后收敛到一个更低的稳定水平。这些预测与 2008 年金融危机中美国经济的典型特征基本吻合。

第四节　关于流动性约束与消费关系的经验研究

流动性约束与居民消费之间关系的研究主要分为三类。第一类文献主要验证流动性约束存在的真实性，并与持久性收入假说、生命周期理论以及预防性储蓄等经典理论的预测进行对比。第二类文献主要验证流动性约束对家庭消费的影响。第三类文献依据不同的流动性划分家庭财富结构，并讨论不同的家庭资产结构、信贷限制与家庭消费之间的关系。

首先，考虑流动性约束的存在性。Carroll 和 Summers（1989）是较早寻找支持流动性约束理论证据的文献，基于 15 个 OECD 国家 1960—1985 年的数据，他们发现居民消费与收入之间的关系紧密性远远超过了持久性收入和生命周期假说的预测。而 Johnson 等（2004）研究了 2001 年美国《经济增长与税收减免协调法案》减免税收对家庭消费的影响，发现在税收减免的三个月内，家庭将 20% ~ 40% 的税收减免用于购买非耐用品，而这种边际消费倾向陡增的现象在低流动性财富和低收入家庭更加明显。通过在消费者支出调查问卷中提出相关问题，并对支付分配进行随机时序变化处理，Parker 等（2013）更加精确地估计了美国家庭对 2008 年中期经济刺激支付（Economic Stimulus Payments，ESPs）的反应。他们发现，家庭将 12% ~ 30% 的刺激支付用于非耐用品，50% ~ 90% 的支付用于耐用品消费，老人、低收入者和拥有住房的家庭反应最大，因而进一步证明了流动性约束理论的有效性。

其次，考虑信贷限制对居民消费的影响。Gross 和 Souleles（2002）通过检验信贷限制变动对家庭消费的影响，直接验证了流动性约束的存在。基于 1995—1998 年美国多家大型信用卡发行机构提供的信用卡账户数据，他们研究了信贷限制对家庭边际消费倾向的影响，以检验持久性收入、流动性约束、预防性储蓄以及行为模型等经典消费理论的预测。他们发现，信用限额增加会使得家庭借款余额迅速增加，这与持久性收入理论相违背；在信用限额附近，家庭边际消费倾向迅速增加，这与流动性约束理论的预测保持一致；而在信用限额之下时，家庭的边际消费倾向更大，这与预防性储蓄理论和流动性约束理论预测的缓冲储备相吻合。Gertler 等（2003）基于印度尼西亚的数据验证了金融发展对家庭消费的影响，他们发现，当家庭受到大病冲击时，相对于贫困家庭，富裕家庭较少地减少消费，因为金融机构更加倾向于为富裕家庭提供信贷，以平滑其因生病引起的当期净收入水平的下降。Ludvigson 和 Ng（2007）基于时间序列构建了一个流动性约束模型，在收入随机分布情形下讨论了信贷限制对最优消费选择的影响，利用美国的数据发现预期信贷增长与消费增长之间、预期收入增长与消费增长之间呈现显著的正相关。

最后，随着资本市场的完善，家庭资产规模增长与结构多元化，流动性约束的内涵更加丰富，家庭资产性质与结构对消费行为的影响越来越大。Kaplan 和 Violante（2014）以及 Carroll 等（2014）认为，相对于总资产水平来说，资产的流动性对消费路径平滑的作用更大，为消费决策受到当期收入影响的流动性约束理论产生作用的内在机制提供了一种新的解释。消费者持有的高流动性资产较少时，更易受到流动性约束，暂时性收入冲击下的边际消费倾向显著为正。作为低流动性资产的重要组成部分，住房资产的财富效应得到了大量研究的证实（Campbell 和 Cocco，2007）。但一些针对中国家庭的研究却发现，住房资产的财富效应并不显著，这些文献将其归因于消费属性（李涛和陈斌开，2014；余新平和熊德平，2017）。关于住房在中国家庭消费中扮演的角色的研究围绕住房资产的消费、投资和抵押等多重属性展开，发现在有房与无房（Aladangady，2017）、一套房与多套房（张浩等，2017）、储蓄型与借贷型自有住房（赵昕东和王勇，2016）等不同情况下，消费者行为存在显著差异。

第五节　小结与政策建议

本章在一个统一的理论框架下，从持久收入理论、随机游走理论和预防性储蓄理论等经典宏观经济消费理论出发，着重研究了关于流动性约束对家庭的消费与储蓄行为以及长期和短期的宏观均衡的影响，并简要梳理了关于流动性约束和消费者行为之间关系的实证经验文献。主要结论如下。

第一，在微观层面，不论是理论研究还是实证经验证据，都表明流动性约束确实存在，而且对家庭的消费与储蓄行为具有重大影响。流动性约束使得家庭消费与当期收入紧密相关，受到约束的家庭边际消费倾向常常较大。受到约束的家庭如果能够获得外部借款，那么，信贷限额变化对家庭的消费与储蓄行为也具有重要影响。

第二，在宏观层面，流动性约束不仅影响家庭的消费和储蓄行为，还会影响就业、资本供给与需求以及整个经济的实际利率和产出水平。短期内，金融冲击将使实际利率和产出迅速下降，下降幅度大于金融冲击的强度。受到流动性约束的家庭劳动供给增加，而未受到金融冲击的家庭劳动供给则下降。长期内，收入的不确定性使得均衡的实际利率低于消费者的时间偏好率，流动性约束的收紧又使得经济的实际利率进一步下降。如果流动性约束仅仅冲击消费，则长期均衡产出将上升，但如果消费和投资同时遭到流动性冲击，则长期内均衡产出可能下降。

第三，随着经济的发展，家庭总财富水平上升，对家庭产生流动性约束的不仅是财富总量的不足，持有资产的性质和结构对家庭的消费和储蓄行为的影响也较大。当家庭持有的高流动性资产水平较低时，更容易遭到流动性约束。作为低流动性资产的重要组成部分，住房常常具有较大的财富效应，但这种财富效应在中国的经验研究中不显著。

这些结论对政策制定具有重要的意义。首先，由于遭到流动性约束的家庭边际消费倾向较高，因此，当税收减免政策或政府转移支付的受益对象是这些家庭时，财政政策对需求的刺激作用更大。其次，由于很大部分家庭流动性约束为资产结构所致，因此，要加强金融机构转型，促进资产供给结构的优化，在鼓励家庭提高高收益资产份额、扩大财产性收入的同时，权衡资产流动性与收益性。一方面，满足多元化资产需求，拓宽居民财产性收入渠道；另一方面，降低资产变现成本，保证家庭高流动性资产的配置比例合理。最后，政策应当尽量侧重疏通对投资的流动性约束，消费侧的流动性约束尽管在短期内可能引起产出下滑，但是从长期来看，消费侧的流动性约束能够降低资本成本，促进整个经济的资本累积，进而促进经济的长期增长。

第八章

金融摩擦与国际资本流动

新兴经济体常常是房地产和其他金融资产泡沫的一片沃土，但这些新兴经济体的金融市场并不完善，缺乏优质资产以储存财富。发达国家金融市场相对成熟，市场上存在很多优质金融资产。为了寻求优质的财富储存介质，资本将在全球范围内流动。这使得正常时期新兴经济体资本流出到发达经济体，以图储存价值；当新兴经济体具有可控制资产泡沫的能力时，国际资本将反向流动。不同国家间的货币汇兑是资本跨国流动的中间环节，因此，资本流动也将受到汇率变化的影响。

2005 年 7 月，中国启动汇率制度改革，开始实行有管理的浮动汇率制度，自此人民币兑美元汇率处于稳中有升的态势。2008 年 6 月至 2010 年 6 月，为了减小金融危机的影响，人民币汇率再次盯住美元。2014 年 3 月银行间即期外汇市场人民币兑美元交易价格浮动幅度由 1% 扩大到 2%。2015 年 8 月人民币汇改。美国为应对 2008 年金融危机，刺激经济增长，先后推出多轮"量化宽松"货币政策，而从 2014 年 1 月开始，美国逐步压缩对长期国债和抵押贷款支持证券的购买规模，开始退出量化宽松。频繁更替的政策环境意味着资本流动及其影响因素之间的关系可能是非线性的。

2000 年 1 月至 2017 年 6 月中国短期国际资本流入和实际使用 FDI 情况如图 8 - 1 所示。

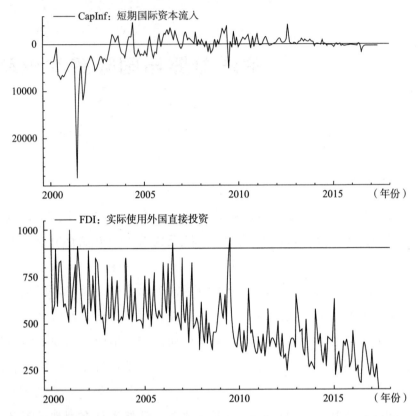

图 8 - 1　2000 年 1 月至 2017 年 6 月中国短期国际资本流入和实际使用 FDI 情况
资料来源：中国人民银行网站。

本章的主要目的就是营造一个国际环境，基于中国的数据，考察金融摩擦与短期国际资本流动之间的关系。与本章的研究密切相关的理论主要包括 Caballero 等（2006）和 Wang 等（2017）的研究。但是与 Caballero（2006）和 Wang 等（2017）的不同之处在于，本章主要集中于金融摩擦的作用，引入了利差和汇率等因素，同时考虑资本流动与其影响因素间关系的非线性性质和作用机制。本章内容安排如下。第一节是文献综述。第二节在 Caballero（2006）研究的基础上建立一个简单的OLG 模型，讨论金融摩擦、汇率以及利差与短期国际资本流动的关系。第三节主要介绍本书采用的计量模型和数据。第四节是实证研究。第五节是小结与政策建议。

第一节 文献综述

目前已经存在大量研究专门探讨利率、汇率、资本流动以及资产价格等的关系，但这些文献主要探讨变量两两之间的关系或者三者之间的相互关联。Obstfeld（1986）在一个动态模型框架下，分析了拉美南部国家的资本账户自由化与汇率稳定间的关系，研究发现，资本账户自由化没有促使前期的实际汇率上升，而是导致国家货币贬值和外债长期性上升。进一步地，Bekaert 和 Harvey（2000）研究发现，资本流动与市场自由性紧密相关。资本市场自由化程度越高，新资本流动程度越高。当资本流动断裂时，资本市场的期望收益会下降。Kapur（2007）利用新加坡的数据，研究发现该国国际资本流动对汇率波动没有显著的影响。Sy 和 Tabarraei（2010）建立了一个简单的模型，认为实际汇率波动的根本原因是贸易额和生产率差异等实际基本面的变动，并用实证研究验证了他们的理论假说。Ghosh 和 Reitz（2013）利用印度的数据，验证了实际金融市场汇率和外部股权投资之间的长期协整关系，认为实际金融市场汇率升值会导致短期国际资本流入。Kim 和 Yang（2011）采用面板向量自回归（Panel – VAR）模型，研究了东亚新兴国家资本流入对国内资产价格的影响。研究发现，资本流入确实能促使国内市场资产价格上升，但资本流入只能解释很小一部分的资产价格上升。Olaberría（2014）利用 40 个国家 1990—2010 年的面板数据，实证分析了资本流入与资产价格之间的关系。研究发现，不同国家、不同资本流入项目与资产价格之间的关系不同。

Milesi – Ferretti 和 Tille（2011）对 75 个国家的季度数据进行分析，研究发现，不论是从时间维度、资本类型维度还是国别维度，国际资本流动均存在很大的差异性。国际资本流动的量与国际金融市场完整程度、国内宏观市场状况以及与世界其他国家的贸易关联程度紧密相关。特别地，在全球金融危机期间，国际资本流动的主要驱动因素是投资者关于风险偏好的变化。Fratzscher（2012）利用因子模型对 50 个经济体的高频数据进行分析，研究发现在全球金融危机爆发前和爆发中，推动因素（国家间的共同因素）在影响短期资本流动中起主要作用，而2009—2010 年，特别是在新兴经济体中，拉动因素（国家间不同的因素）发挥了主导作用。Forbes 和 Warnock（2012）将国际资本异常流动现象分为四类：资本流入激增、资本外逃、资本收缩和流动突然中止。Hamrita 和 Trifi（2011）利用美国 1990—2008 年的月度数据，研究了利率、汇率和股票价格之间的关系。Wang 等（2016）建立了一个模型，解释了在金融摩擦和信贷约束条件下，同时出现短期金融资本外流而FDI 为正的特殊现象；而由于金融摩擦和信贷约束导致国内金融资本投资回报率低于国外时，出现了短期金融资本外流而 FDI 为正的特殊现象。

国内相关主题的研究也比较丰富。冯彩（2008）构建了一个影响我国国际资本流动的理论模型，利用 1994—2007 年我国国际资本流动数据，进行协整和 Granger 因果关系检验，发现良好的宏观经济态势、汇率和实际利差与国际资本流动间存在协整关系，是国际资本流入的格兰杰（Granger）原因。赵文胜等（2011）利用 VAR 模型和门限模型分析了短期资本流动对我国外汇市场、货币市场、股票市场和房地产市场的影响。吕光明和徐曼（2012）选择短期资本流动套利、套汇和套价三类因素共六个变量，利用 2002—2011 年的月度数据，构建了 VAR 模型，分析了三类因素对中国短期资本流动的驱动影响。研究发现，套汇因素的影响最大，主要表现为预期汇率驱动；套价因素的影响次之，主要表现为股价和房价驱动；套利因素的影响极弱。赵进文和张敬思（2013）引入风险溢价因素，建立了汇率、短期资本流动和股票价格相互影响的模型，运用 VAR 方法分析了 2005 年 7 月至 2011 年 12 月汇率、短期国际资本流动、货币供给剪刀差以及股票价格之间的关系。研究发现，人民币升值会导致短期国际资本获利流出，货币供给剪刀差扩大，股票价格下跌，进而引发短期资本继续流出，形成循环。何诚颖等（2013）、吴丽华和傅广敏（2014）以及杨冬和张月红（2014）利用时变参数的结构化向量自回归模型（SV – TVP – SVAR）分别估计了外汇市场干预、汇率变动与股票价格波动，人民币汇率、短期资本与股价互动，人民币实际汇率、短期国际资本与资产价格之间的关系。

第二节　理论分析

本节建立一个简化的包含随机资产泡沫的开放新兴经济代际交替即OLG模型。考虑在 t 期出生的家庭，生活在 t 和 $t+1$ 两个时期。他们在第1期将资金投资于国外资产和国内股票市场，在第2期进行生产和消费。t 期所有家庭都是同质的，而在 $t+1$ 期他们随机地一半成为企业家，一半成为银行家。假定国内资本有三个投资途径，即国外资本市场、国内非生产性资本（股票）市场和国内生产性资本市场。国内市场缺乏能够储藏价值的优质资产，因此，短期国内家庭选择国内非生产性资本（股票）和国外短期资本进行投资，以储藏价值。由于本章主要考虑短期资本流动，所以假定国外资本不能直接投资于国内生产性资本，国内资本也不直接投资于国外生产性资本，即不考虑外商直接投资（FDI）。

假定 t 期出生的家庭在两个时期具有的禀赋为 $(W_t, R_t K_t)$。在 t 时期，国内经济的增长率为 g_t，生产性资本投资报酬率为 R_t，国内股票价格增长率为 r_t^s。假定 t 期国内股票市场泡沫破裂的概率为 λ_t。如果股票市场泡沫破裂，家庭将损失股市中的所有资金。因此，家庭投资国内股票的期望收益率为：

$$\hat{r}_t^s = r_t^s - \lambda_t (r_t^s + 1) \tag{8.2.1}$$

假定家庭投资国外资本回报率为 r_t^f。在 t 期出生的家庭在国内股票和国外资产本进行资产配置。记 α_t 为股票投资份额，则 $1 - \alpha_t$ 为短期金融资本流出份额。因此，在 t 期期末，家庭的资产总额为：

$$W_t' = W_t[\,1 + r_t^f + \alpha_t(r_t^s - r_t^f)\,] \tag{8.2.2}$$

假定国内资本市场分离，t 期出生的家庭不能从下一代借款。在 $t + 1$ 期，t 期出生的家庭随机地有一半成为企业家，一半成为银行家。企业家通过将股票卖给下一代家庭和以 p_{t+1} 的贷款利率向银行家借款 L_{t+1} 进行融资，投资国内经济生产。考虑借贷约束 $p_{t+1}L_{t+1} \leqslant \varphi R_t K_t$，其中 φ 表示借贷约束程度，为了简化模型，我们假定上一期的股票和国外资本不能用于抵押。尽管这与一般抵押借款的假定不同，但不影响模型的基本结论。若 $p_{t+1} < 1$，则没有银行家愿意贷款；若 $p_{t+1} > R_{t+1}$，则没有企业家愿意借款；若 $1 \leqslant p_{t+1} \leqslant R_{t+1}$，企业家愿意用尽其信贷限额，借款额度为 $\dfrac{\varphi R_t}{p_{t+1}}K_t$。假定 $1 \leqslant p_{t+1} \leqslant R_{t+1}$，则 $L_{t+1} = \dfrac{\varphi R_t}{p_{t+1}}K_t$，企业家的收益为：

$$R_t K_t + R_{t+1} W_t' + (R_{t+1} - p_{t+1})\frac{\varphi R_t}{p_{t+1}}K_t$$

而银行家的收益为：

$$R_t K + p_{t+1} W_t'$$

资产配置决策。假定所有家庭都是风险中性的，由于在 t 期，每个家庭都预期将来在 $t + 1$ 期各有一半的概率随机地成为银行家或企业家，因此，对于整个国内经济，进行资产组合的决策可以表示为：

$$\max_{0 \leqslant \alpha_t \leqslant 1} E_t\Big(R_t K_t + W_t'\,\frac{R_{t+1} + p_{t+1}}{2} + \frac{R_{t+1} - p_{t+1}}{2}\,\frac{\varphi R_t}{p_{t+1}}K_t \Big) \tag{8.2.3}$$

存在内解的最优化一阶条件为：

$$(1 - \lambda_t) \frac{r_t^s - r_t^f}{1 + r_t^f} (R_{t+1} + p_{t+1}^b) - \lambda_t (R_{t+1} + p_{t+1}^c) = 0 \qquad (8.2.4)$$

其中 p_{t+1}^b 和 p_{t+1}^c 分别表示股票市场泡沫存续和破裂时的贷款利率。

资本市场出清。 资本最大供给量为 W_t' ，最大需求量为 $\frac{\varphi R_t}{p_{t+1}} K_t$ 。将 K_t 正规化为 W_t 。如果国内股票市场泡沫没有破裂，则贷款价格为：

$$p_{t+1}^b = \max\left\{ 1, \frac{\varphi R_t}{1 + r_t^f + \alpha_t (r_t^s - r_t^f)} \right\} \qquad (8.2.5)$$

由于假定 $\varphi R_t < 1, p_{t+1}^b = 1$ ，如果股票市场泡沫破裂，则贷款价格为：

$$p_{t+1}^c = \max\left\{ 1, \min\left[\frac{\varphi R_t}{(1 + r_t^f)(1 - \alpha_t)}, R_{t+1} \right] \right\} \qquad (8.2.6)$$

式（8.2.5）和式（8.2.6）与式（8.2.3）的解形成均衡。如果：

$$\frac{(r_t^s - r_t^f)(R_{t+1} + 1)}{r_t^s - r_t^f + R_{t+1}(2 + r_t^s + r_t^f)} < \lambda_t < \frac{r_t^s - r_t^f}{1 + r_t^s}$$

则：

$$1 < E[p_{t+1}] = (1 - \lambda_t) \frac{1 + r_t^f + R_{t+1}(r_t^s - r_t^f)}{1 + r_t^f} - \lambda_t R_{t+1} < R_{t+1} \qquad (8.2.7)$$

$$E(1 - \alpha_t) = \frac{\lambda_t \varphi R_t}{(1 - \lambda_t)(r_t^s - r_t^f)(R_{t+1} + 1) - \lambda_t R_{t+1}(1 + r_t^f)} \qquad (8.2.8)$$

如果 $\lambda_t > \dfrac{r_t^s - r_t^f}{1 + r_t^s}$ ，则 $\alpha_t = 0, p_{t+1}^c = 1$ ；

如果 $\lambda_t < \dfrac{(r_t^s - r_t^f)(R_{t+1} + 1)}{r_t^s - r_t^f + R_{t+1}(2 + r_t^s + r_t^f)}$ ，则 $\alpha_t = 0, p_{t+1}^c = R_{t+1}$ 。但这两种情况下的均衡都不稳定。由式（8.2.7）和式（8.2.8）可以得到如下几个推论。

第一，在均衡中，企业家面临的贷款利率大于存款利率，但小于直接生产性投资的回报率。这与 Wang 等（2017）的理论相吻合，能够解释近年中国短期资本及 FDI 流动方向时常相反的现象。尽管国内生产性资本投资回报率较高，但是仍然会出现短期资本外流的情况。

第二，短期金融资本流出与信贷约束程度正相关。金融摩擦程度越大，企业家面临的信贷约束越紧，则国内短期资本流出比例越高。但是这二者之间的相关系数并非一成不变，而是受到金融风险预期、生产性资本回报率、股票投资和国外短期投资回报率的影响，随时间变化。

第三，由于人们对金融风险的预期不同，短期资本国际流动体现出较大的突变性。尤其是当金融风险预期相对较高或相对较低时，资本流动更不稳定。

第三节　计量模型与数据

一　计量模型选取

根据前面的理论分析，我们发现短期国际资本流动、股票价格、汇率、存款利差以及金融摩擦等几个变量之间的关系非常复杂，因此，线性模型可能无法确定这些经济变量之间的关系。针对非线性模型的特征，Markov 区制转换模型可能是解决这类问题的一个比较好的办法。Markov 区制转换模型的基本思路是，可观测的时间序列向量 y_t 的回归参数与不可观测的区制变量 s_t 紧密相关，而不可观测的区制变量 s_t 表示的是经济所处的不同的状态。为了分析不同状态下变量间的动态关系，本章采用 Markov 区制转移的向量自回归模型（MS – VAR）作为主要的实证分析工具。

二　数据与说明

本书研究涉及四个变量：股票价格、汇率、短期资本流动和存款利差。沪深 300 指数覆盖了沪深市场 60% 左右的市值，具有良好的市场代表性，选取其作为股票价格的代理变量，数据来自锐思数据库。同时考虑数据的可得性和本书的研究目的，我们采用张明（2011）的方法测算短期资本流动规模，相关数据来自中国人民银行和国家统计局网站。由于在外汇市场上，影响短期资本流动的是名义汇率，且中国相当长的时间内采取盯住美元的策略，因此，本书选取人民币兑美元汇率作为汇率的代理变量。人民币利率采用一年期存款利率，数据来自 IMF；美元利率采用一年期存款利率，数据来自 CEIC 数据库。

三 平稳性检验

时间序列数据的平稳性对实证分析起到至关重要的作用。对于任何一个非平稳的时间序列数据，其在各个时间点上随机规律常常是不同的，我们很难通过序列已知信息去掌握序列整体的随机性。在进行实证研究之前，需要检验所有数据的平稳性。从表 8-1 可以发现，除短期资本流入序列为 I（0）过程外，其余序列都是 I（1）过程，即原序列不平稳，但是一阶差分序列平稳。

表 8-1 序列单位根检验

变量	检验类型（C，T，L）	ADF 统计量	1% 临界值	5% 临界值	结论
CapInf	（0，0，2）	− 3.95466	− 2.56572	− 1.94093	平稳
DCapInf	（0，0，2）	− 14.3176	− 2.56572	− 1.94093	平稳
ExRate	（0，0，2）	− 1.37822	− 2.56572	− 1.94093	不平稳
DExRate	（0，0，2）	− 5.60392	− 2.56572	− 1.94093	平稳
StockIndex	（0，0，2）	− 1.22212	− 2.56572	− 1.94093	不平稳
DStockIndex	（0，0，2）	− 7.42791	− 2.56572	− 1.94093	平稳
InterestSpread	（0，0，2）	− 0.64779	− 2.56572	− 1.94093	不平稳
DInterestSpread	（0，0，2）	− 5.9789	− 2.56572	− 1.94093	平稳
FinancialDev	（0，0，2）	1.87566	− 2.56572	− 1.94093	不平稳
DFinancialDev	（0，0，2）	− 6.52439	− 2.56572	− 1.94093	平稳

注：（1）变量前面加"D"表示一阶差分；（2）检验类型中的 C、T 和 L 分别表示 ADF 检验模型中的常数项、时间趋势和滞后项，数值 0 表示没有此项。

第四节　实证研究

鉴于前文模型推理显示出金融摩擦与短期国际资本流动之间的复杂关系，实证研究分为两个部分：第一部分考察短期国际资本流动的直接影响因素，第二部分考察金融摩擦对资本流动的间接影响及作用机制。

一　短期国际资本流动的直接影响

根据前面的模型，金融摩擦可能会引起短期国际资本流动的变化。但根据以往文献，该因素很可能不是影响短期国际资本流动的直接因素。因此，我们进行实证检验的第一步就是验证金融摩擦是不是引起短期国际资本流动的直接影响因素。

为了达到该目的，本节进行了两组模型估计。第一组，以中美汇率一阶差分为基准，不断拓展模型，试图找出可能直接影响短期国际资本流动的因素。估计结果见表 8-2。本节在标准的 VAR 模型下，利用 AIC 准则选择最优滞后阶数 L；在 MS-VAR（L）框架下，利用 AIC 准则选择最优区制数。根据表 8-2 的估计结果，可以初步得出一些判断：第一，中美汇率和国内股票市场价格指数可能是影响短期国际资本流动的直接因素；第二，模型加入金融摩擦因素后不显著，金融摩擦可能不是影响短期国际资本流动的直接因素。

表 8-2　MS-VAR 国际短期资本流动影响因素估计

变量	方程一	方程二	方程三	方程四
ExRate	1.59092e+006	1.72462e+006 ***	1.66840e+006	
DStockIndex		0.522091	1.06368 **	
DInterestSpread			-468.633	-39.9543
DFinancialDev				1108.9

续表

变量	方程一	方程二	方程三	方程四
Constant（0）	− 22941.8***	− 14729.1***	− 22949.5	− 302.559***
Constant（1）	217.914	− 745.069[88]	225.324*	25.0311
Constant（2）	6382.89	791.608[888]	6104.92	
Constant（3）		72.1302		
Constant（4）		1240.37*		
Constant（5）		4546.74***		
sigma	1806.52	1960.76	1777.87***	
p_{0 | 0}			0.984005***	0.8601***
p_{1 | 0}		0.581989***		
p_{0 | 1}			0.202152	0.014985
p_{1 | 1}	0.987733***	0.902571***		
p_{0 | 2}	0.243352			
p_{3 | 1}		0.0487145		
p_{0 | 5}		0.666019**		
模型类型（L，R）	（3，6）	（4，5）	（4，4）	（4，4）

注：（1）模型类型为根据 AIC 准则选取的最优滞后阶数 L 和区制数 R；（2）*、**、***分别表示在 10%、5% 和 1% 的显著性水平下显著。

接下来，本节进行第二组估计，即以金融摩擦为基准，逐步扩展模型。估计结果见表 8 - 3。同样地，在标准的 VAR 模型下，利用 AIC 准则选择最优的滞后阶数 L；在 MS - VAR（L）框架下，利用 AIC 准则选择最优区制数。根据表 8 - 3 的结果，可以确认一个判断，即金融摩擦确实对短期国际资本流动没有直接影响。

表 8 - 3　MS - VAR 金融摩擦对国际短期资本流动的影响估计

变量	方程五	方程六	方程七
DFinancialDev	615.124	13417.5	
ExRate		1.71413e + 006	
DStockIndex			0.0575235

续表

变量	方程五	方程六	方程七
DInterestSpread			
Constant（0）	-24828.9***	-22956.9	-22750.1
Constant（1）	332.428*	-1683.26	-669.183
Constant（2）	-236.778	353.164	
Constant（3）	15678.1	2025.52	
Constant（4）		10228.3	
Constant（5）			
sigma	1723.24***	1624.60	
p_{0 | 0}			
p_{0 | 1}		0.0593440	0.0588254
p_{1 | 1}		0.824963***	
p_{2 | 2}		0.994750***	
p_{0 | 2}	0.00966183		
p_{1 | 3}		0.382059**	
p_{2 | 3}			0.999993
模型类型（L，R）	（4，4）	（6，5）	（4，4）

注：（1）模型类型为根据 AIC 准则选取的最优滞后阶数 L 和区制数 R；（2）*、**、***
分别表示在 10%、5% 和 1% 的显著性水平下显著。

根据前面两部分估计的结果，验证了汇率变化和国内资产价格波动可能是影响短期国际资本流动的直接原因，而金融摩擦因素不是影响短期国际资本流动的直接因素。

二　金融摩擦对短期国际资本流动的间接作用

前面的经验研究发现，金融摩擦因素本身并不会直接影响短期国际资本流动。因此，接下来考察金融摩擦对短期国际资本的间接作用。

首先，利用向量误差修正模型，估计金融摩擦与汇率和股票价格指数之间的关系。这里仍然基于 AIC 准则，选择模型最优滞后期数为 6。根据模型估计结果，金融摩擦因素滞后 1~4 项都对汇率变动在 5% 的显著性水平具有负向影响，而滞后 5 ~ 6 项分别在 1% 的显著性水平对汇率变动具有负向影响。但是金融摩擦因素对股票价格指数没有显著影响。

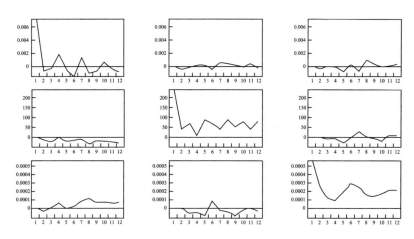

图 8 - 2　金融摩擦、汇率和股票价格指数脉冲响应

注：第一行图为金融摩擦对自身和其他变量的脉冲响应，第二行图为股票价格指数对自身和其他变量的脉冲响应，第三行图为汇率对自身和其他变量的脉冲响应。

为了进一步发现金融摩擦对汇率和股票价格指数的影响，这里采用一单位标准差的脉冲效应。如图 8 - 2 所示，金融摩擦对股票价格指数变化的冲击全是负向的，其程度在第 8 期达到最大。

金融摩擦对汇率变化的冲击在前 2 期是负向的，从第 3 期开始变为正向，其程度在第 8 期达到最大。为了进一步估计金融摩擦对汇率和股票价格指数的影响，我们将模型转回 MS - VAR 模型再次进行估计，结果如表 8 - 4 所示。

表 8 - 4　MS - VAR 金融摩擦对股票价格和汇率的影响

变量	方程八	方程九	方程十	方程十一
	DExRate		DStockIndex	
DFinancialDev	0. 00415781 **	—	1187. 62 **	1941. 38 ***
DExRate		—		12957. 3 ***

续表

变量	方程八	方程九	方程十	方程十一
	DExRate		DStockIndex	
Constant（0）	-0.0004***	—	-327.155***	-38.9801***
Constant（1）	-0.0015**	—	-31.5468	791.365***
Constant（2）	-4.24121e-005		-1.43752	
Constant（3）	0.0021***		656.989***	
sigma	0.000347518***		146.572***	177.586***
p_{0|0}	0.850834***		0.539569***	0.960788***
p_{1|0}	0.0754844***		0.311971**	
p_{0|1}			0.482149**	
p_{1|1}	0.666047***			
p_{2|1}			0.403151*	
p_{2|2}			0.981949***	
p_{0|2}	0.0418248**			
p_{0|3}	0.261951		0.722489***	
p_{2|3}	0.138025			
模型类型（L，R）	（4，4）	—	（4，4）	（2，6）

注：（1）模型类型为根据 AIC 准则选取的最优滞后阶数 L 和区制数 R；（2）*、**、***分别表示在 10%、5% 和 1% 的显著性水平下显著。

根据估计结果，金融摩擦对汇率变化和股票市场价格都具有显著的影响。国内金融摩擦程度越低，股票价格上升越显著，汇率也会上升。但是值得注意的是，将汇率变化作为因变量、金融摩擦和股票价格指数作为自变量的方程是不收敛的。图 8-3 为方程十一的区制转移概率。在区制 0 的概率为 0.96079，在区制 1 的概率为 0.039212。其他关于每个方程的区制即区制转移概率均罗列在表格中。为了节约篇幅，这里不呈现所有方程区制转移概率图，而仅以方程十一的区制转移概率为例。

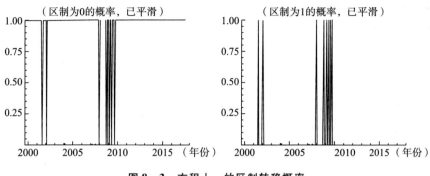

图 8 - 3 方程十一的区制转移概率

第五节 小结与政策建议

本章基于 Caballero（2006）的研究构建了一个关于金融摩擦与短期国际资本流动的 OLG 模型，分析了金融摩擦与短期国际资本流动之间的关系，并利用我国 2000 年 1 月至 2017 年 6 月的月度数据进行了实证研究。主要结论如下。

第一，根据模型推导，本书发现汇率、股票价格指数、金融摩擦以及利差等都可能影响短期国际资本流动，而且它们之间的关系是非线性的。

第二，实证研究发现，汇率变化和股票价格指数变化均对我国短期国际资本流动具有直接显著的影响，但利差和金融摩擦程度对短期国际资本流动没有直接显著的影响。

第三，经过进一步研究发现，金融摩擦程度对汇率变化和股票价格指数具有直接显著的影响。因此可以认为，金融摩擦对我国短期国际资本流动没有显著影响，但是通过影响汇率变化和股票价格指数，对短期国际资本流动具有间接的影响。

根据本章的主要研究内容和主要结论，提出以下政策建议。

第一，金融发展程度和金融摩擦是影响中国短期国际资本流动的重要因素。金融发展对稳定汇率和国内资产市场都具有积极作用，因此，在较长一段时期内，我们应当坚持努力减少国内金融市场摩擦和提高金融发展程度。

第二，相对于资本流动来说，金融摩擦更多的是直接作用于国内资产价格以及影响汇率等，因此，在制定政策时更应当结合政策目标来考虑。如果单纯为了稳定资本流动，那么，更合适的政策是稳定汇率和资产价格等直接影响资本流动的因素。但如果是为了稳定资产价格和汇率等一些经济的基本指标，那么，促进金融发展、提升国内金融市场运行效率才是更合适的手段。

第九章
新时代金融发展的政策建议：
以金融摩擦为视角

党的十九大报告明确提出，着力加快建设实体经济、科技创新、现代金融和人力资源协同发展的产业体系。建设现代化经济体系的着力点是实体经济，金融发展的主要任务是为实体经济输送血液、提供润滑剂、稳定经济环境等。十九大召开后的第一次中央经济工作会议提出，中国特色社会主义进入了新时代，我国经济也进入了高质量发展的新阶段。在新的发展阶段，我们结合本书的主要研究内容和研究结果，就新时代的金融发展提出以下建议。

第一节　缓解信贷配给，完善信贷市场

如今我国经济进入新常态，创新逐步成为引领发展的最重要的动力，创新型中小企业面临的融资困境越来越受到重视。尽管随着创新发展步入活跃阶段，我国整体研发投入水平快速上升，企业创新所需的投融资环境不断改善，但是相对于创新驱动发展的紧迫要求，创新型企业，尤其是民营中小型创新型企业融资难仍然是主要问题。

一　缓解信贷配给，化解中小企业融资难题

从理论角度，中小企业融资困难并不完全是市场失灵的表现，而可能是非对称信息下的一种均衡结果。在缓解创新型中小企业融资难的问

题时，不一定需要通过调整信贷市场供求关系或者其他行政强制手段，让资金流到最有效率的地方。很多时候，更应当从微观机制出发，分析和发现中小企业遭受信贷配给的根本原因——信息不对称，进而从完善和保障信贷市场信息披露的完整性和透明性的角度，来缓解中小企业融资难的问题。

选择合适的财政政策。 缓解创新型中小企业融资难的微观财政政策有很多，其中最常用的就是贴息贷款和直接补贴。对于具有优质投资项目却又缺乏足够资金的中小企业，应当直接对其实施财政补贴或者其他形式的转移支付，增加企业资产负债表上的净资产价值，而不是对其实施贴息贷款。对于相等额度的财政支出，对资金缺乏者的直接补贴更有利于其在信贷市场获得贷款资金。直接补贴和贴息贷款的差异在于，直接补贴缺乏银行作为监督者对项目和企业家私人收益的审核、监督和验证过程。因此，一个综合的策略是，对收益明显且可验证的项目实行直接补贴，而对收益预期不确定性较大且企业家私人收益不明确的项目，先通过银行对其进行贷款资格审核之后，再由财政资金对企业家实行直接补贴。这样既能最大程度缓解中小企业融资困难的问题，也能筛选排除质量和效益比较差以及企业家私人收益不确定性较高的项目。

完善与当前经济发展阶段相适应的会计制度。 建立全面的会计核算体系，以满足新时代市场经济多元化和现代企业制度改革多样化的需求。将会计核算体系全面覆盖到中小企业，降低企业会计信息和经营信息披露的成本，信息透明是这些企业获得贷款资金和提高社会资源配置效率的关键。建立适用于多数行业的会计准则和核算方式，便于投资者对企业财务状况进行分析和判断，确保投资的准确性和高效性，提升市场资源的配置效率。会计准则和核算方法的统一和规范有利于保证企业财务信息的准确和健康，也有利于投资者对企业的财务信息实现外部监督，进而促进市场稳定发展。

加强银行监管，保障银行的资本供给能力。 资本充足是银行发挥投资者角色的关键因素。维护金融稳定，保证银行系统具有充足的资本供给，以提升银行作为金融中介配置资源的效率。

二　完善信贷市场，提高投资效率

根据前文的研究，信贷市场的完备性对整个经济的运行效率具有重要影响。只有在充分发展的金融市场，具有投资潜力的企业家才能找到足够的借款，降低企业的流动性约束，进一步提高投资收益。

进一步完善金融市场。规范投资信贷环境，完善投资信贷市场，降低经济运行中的流动性约束程度，让更多的投资者能够有充足的资金投资生产率更高的项目，真正提高企业家的投资效率。投资者面临流动性约束程度的不同，将会产生不同的行为。不同类型的投资者对相同的财政政策和货币政策冲击做出的反应程度和形式也会不同。大力发展状态依存契约的借贷合约，让有潜力的企业家利用未来的收入进行抵押借款，并平滑资本品价格的波动幅度。

建立合理的财政政策和税收制度。通过合理收入分配和税收政策为市场提供流动性。通过合理的税收制度和财政补贴，调整经济中主体的禀赋分配，让企业家拥有足够的流动性周转资金，提高整个经济的投资和运行效率。

稳定市场和投资收入预期，降低企业家面临的不确定性。尽管不受流动性约束的投资者能够通过借贷平滑消费和投资，但遭受流动性约束的企业家却容易在面临投资机会时难以筹措足够的资金进行投资，特别在经济下行时期，其面临的流动性约束常常更紧。通过前文研究，预期可支配收入对受约束企业家的投资行为具有重要影响，因此，稳定市场预期和优化投资环境，降低企业家所面临的不确定性，能够有效地促使信贷市场的发展，投资者更加愿意将资金借给企业家。投资者流动性约束的缓解能够进一步稳定资本市场，降低资产价格的波动性。

第二节　引导市场预期，控制杠杆率

目前我国经济从高速增长转向高质量增长。由于转型过程涉及整个经济金融系统，因此，必然会在系统层面产生重大的不确定性。由于这些不确定性是无法避免的，因此，在转型时期我们并不是要完全避免系统性风险，而是根据整个系统的转换和演进过程，设计好风险主动应对措施和做好承担系统风险的准备。从这个角度，金融安全应不仅是要求不发生系统性危机，更意味着从引导市场预期和加强监管的角度，控制、防范、应对和主动承担系统风险。

一　加强宏观调控预期管理

预期在主体进行经济决策过程中具有重要作用，也是学者进行理论研究和决策者制定政策着重关注的核心变量。随着 20 世纪 70 年代新古典学派利用理性预期假定替代了适应性预期假定，宏观经济学理论获得了革命性的发展，预期管理也走到制定宏观经济政策的舞台中央。与此同时，随着经济市场化程度不断提高，预期管理在我国宏观经济运行和调控中扮演的角色也越来越重要。特别是，我国经济进入新常态后，经济增长预期出现阶段式变化，这对政府和市场主体的行为以及经济决策都产生了深刻影响。政府决策对预期管理的重视程度前所未有。党的十八届三中全会明确表示，将稳定市场预期纳入宏观经济调控体系。2015年中央经济工作会议也提出，"实施宏观调控要更加注重引导市场行为和社会心理预期"。

目前我国关于经济总体目标和基本政策安排的信息发布比较规范：每隔五年的国民经济和社会发展五年规划纲要，对国家重大建设项目和国民经济重要比例关系等做出明确规划，为国民经济发展制定了中长期目标；每年年底的中央经济工作会议，制定了下一年度的阶段性目标和相应的政策安排；每年年初的《政府工作报告》，总结了上一年度的经济运行状况和相关政策的实施效果，并对当年经济运行和政策安排做出计划，这三个渠道是我国经济增长和政策实施的权威性发布渠道，但是当前，我国经济进入波动频繁的时期，能够及时引导预期的制度化发布机制和渠道仍然相对缺乏。

立足于我国基本国情，并吸收国际先进经验，在经济进入高质量增长、经济运行波动频繁的新时代，为加强和完善宏观调控预期管理，至少应当注意以下三个方面的工作。

第一，完善宏观调控预期管理制度化体系。维持经济稳定运行和实现合理预期管理的关键在于，构建完善制度化的预期管理体系，并明确不同领域预期管理的主体和市场沟通渠道。可结合我国国情设定专门机构，就突发经济金融事件、国家重大政策方针等，与国内外市场进行主动积极的沟通。各经济主管及相关部门，分别按其主要职能建立相关信息的主要发布和沟通渠道。中国人民银行、国家发展和改革委员会、财政部和国家统计局等机构，应当在本部门相关职能范围内构建专门的信息发布和政策解读渠道以及稳定的沟通机制。

第二，规范各经济主管部门信息发布的渠道、内容和频率，加强市场沟通协调，提高服务意识。目前，中国人民银行已经建立了比较规范的信息发布程序，但是信息内容仍显单调，难以引导市场预期。国家发展和改革委员会、财政部对年度计划和中长期规划有较为详细的信息披露。国家统计局也建立了按月召开记者发布会，发布相关经济统计数据的制度。在经济转型阶段，经济波动频繁、波幅较大，政策出台较为密集。经济主管部门应当建立更加频繁的信息发布机制，比如及时回应经济运行和改革中的热点问题和突发事件；应当进一步丰富信息发布的内容，如统计局应当发布服务业的月度运行情况；在部门披露和发布信息之后，应当配套权威的政策和信息解读机制。目前市场上的解读千差万别，反而增加了市场理解和分辨政府信息的难度，常常导致市场预期混乱。

第三，丰富预期管理和引导工具的种类。目前我国市场经济体系仍处于建设过程中，一些重要的预期管理和引导工具仍然需要完善和补充。首先，国债收益率曲线不够完善。国债收益率曲线不仅能够反映不同期限资金的市场价格，也是央行重要的货币政策工具变量，在引导市场预期中起着举足轻重的作用。应当适当扩大国债发行规模，丰富国债期限结构，消除交易所市场和银行间市场的隔阂，加强国债收益率引导不同期限资金利率的功能。其次，加强发展期货市场，提高其远期价格发现功能。预期管理要求决策机构和市场主体能够准确评估未来经济信号，完善期货市场，有利于政府和市场主体充分评估未来经济预期。最后，完善评级机构和金融衍生品市场，提高政府和市场主体的准确识别和判断风险的能力。在发达国家，第三方评级机构常常会对政府和企业的风险状况进行全面评估。尽管有时这些评估结果可能出现偏差，但总的来说，它们提供的指标能够为宏观调控预期管理提供基础性的数据支持。

二 控制合理杠杆率

对于一个经济体来说，杠杆原本是一个好东西，是信贷市场完备的标志，是经济运行中的一种合作模式。在一个理想经济体中，随着社会信任程度和信贷市场完备程度的提高，企业和机构能够通过借贷实现高杠杆，采用高杠杆经营管理模式，最大限度地提升社会资本配置效率。但是杠杆率与经济运行效率和金融危机之间的关系是不确定的。不论是一个宏观经济体还是一个微观企业，都难以确定一个最优的杠杆率。超过一定幅度的杠杆率波动，可能会增加经济的运行风险。

在经济稳定增长速度和注重增长质量的新阶段，杠杆率过快上升常常是很好的问题显示器，可能有深刻的内在体制机制根源。高杠杆或者杠杆率的过快上升常常是金融不安全的表现形式。在宏观层面，高杠杆或杠杆率的过快上升，常常有两个方面的原因：第一，信用总量的过度扩张，在给定实体经济总额的前提下，导致资产出现泡沫化倾向；第二，实体经济的风险收益信号扭曲，导致宏观资源配置出现偏差。在微观层面，高杠杆或杠杆率的过快上升，则可能意味着企业融资结构偏向于间接融资，或者经济主体对于未来经济预期的差异过度分化。

根据前文的研究，控制合理杠杆率的关键在于统一市场预期，减少经济主体对未来风险收益的预期分化；降低杠杆周期和资产泡沫破裂风险的关键在于完善信贷市场和稳定经济经营环境。

完善信贷市场，降低违约对杠杆的风险。根据本书的研究，如果利用金融资产对借款进行全额抵押，那么，事实违约对金融杠杆和资产价格没有影响。在经济转型阶段，我国信贷市场发达程度不够，金融体系稳定性程度不高，抵押品在提升金融机构风险管理水平、改善中小企业融资条件、提升社会资源配置效率和降低经济金融运行风险等方面具有重要的作用。完善抵押品管理，至少应当注意以下三个方面的工作。第一，健全抵押品相关法律法规，建立和规范抵押品操作流程和信息管理系统。第二，完善抵押品尤其是金融资产抵押品的估值机制和价值预测机制，准确评估和预测抵押品价值是实现有效抵押的关键。第三，在法律层面和资产组合层面，加强抵押品的风险控制，结合《物权法》的实施，建立新型权利质押的风险控制机制，通过压力测试和减值拨备计提等模型，展开抵押品的风险管理工作。通过这三个方面的努力进行统一的程序规范，加强信贷抵押品管理，更加有助于降低违约带来的杠杆变化和金融风险。

根据以往实证研究的结果，我国商业银行杠杆率在总体上显示出顺周期的特征。为了追逐利润和降低自身经营风险，在经济上行时期，银行会将杠杆率提升到监管上限，放大经济的繁荣程度，而在经济下行时期，在去杠杆策略下银行会减少放贷，加剧经济衰退的程度。因此，监管和控制银行杠杆率不仅要结合杠杆率调整与存贷比、流动比率之间的动态关系，建立可监测的银行风险控制管理体系，还要结合经济运行情况，合理设置动态逆周期调节标准，稳定整个经济体系，降低整个经济体系的运行风险。在银行杠杆监管过程中，应当进一步拓展杠杆率指标中的资产范围，防止部分银行通过信托产品、理财产品方式等将风险转移至表外，变相脱离监管，使杠杆率及相关指标能够全面反映银行业的风险，以有利于进行审慎监管和降低金融系统风险。

第三节　完善金融网络，稳定国际资本流动

一　完善金融网络，防范系统风险

根据前文研究，金融网络在分担风险方面具有非常重要的作用。

首先，要鼓励金融机构尤其是银行间建立充分的网络以应对系统风险。通过体制机制改革，降低金融机构建立和维护金融网络的成本。只有当建立和维护网络的成本足够低时才能建立有效的网络。建立金融机构的信誉机制，提高金融机构的信誉意识，促使它们建立合理的金融网络以规避风险。其次，要鼓励不同类型的金融机构建立网络，这样更加有利于应对风险。由于不同类别的金融机构面临的风险不同，当流动性冲击发生时，部分银行没有遭到冲击，或者遭到完全反方向的冲击，更加能够分担风险，保证整个金融系统的稳定性。最后，鼓励不同国家之间的金融机构建立网络，一般来说，不同国家遭受相同冲击的可能性较小，因此，不同国家间的金融机构建立网络关系，是应对金融冲击的最佳选择。

依据风险类型和经济发展阶段性特征，选择合理的网络结构。在建立网络时不是盲目地进行银行间的相互存款和拆借，而是要有选择地建立不同类型的网络结构。在经济运行相对平稳的时期，鼓励金融机构建立完备网络结构，尽量减少小幅经济波动引起的损失。但是当经济波动幅度较大，甚至处于金融危机前期时，应当建立不完全连接网络结构，

以免风险通过金融传染波及整个金融系统。要通过切断银行间的依赖关系，阻止风险的进一步扩散，以损失个别银行或金融机构为代价，保证整个金融系统的安全。

在当今复杂的经济社会环境下，金融安全的威胁并非孤立地来自金融系统本身。目前，我国经济风险、金融风险和财政风险相互交织，形成复杂的风险系统。因此，要保证金融安全，就要超越金融系统，从经济、金融、财政以及社会治理等多个视角看待经济、金融和财政以及社会这个多因素共同演进的系统，从文化、理念和制度等更深层次实现系统和谐，规避和积极应对系统风险。

首先，要在金融系统内部各层面把控金融安全。在金融系统内部，从微观市场主体、市场监管部门和宏观政府调控部门三个层次，实现各得其能、各尽其责，建立内部协调的风险管控体系。其次，要搞清楚个别、区域和系统性风险各自的特征以及三者之间的内在联系，针对不同的风险，确定相应的责任主体，策划合理的化解方法。个别和区域风险可以通过风险分散、风险规避以及主动减损等方式进行化解，责任主体是微观主体。而系统性风险不具有可分散性，微观主体只能选择主动承受风险，责任主体主要是市场监管部门和政府宏观调控部门，通过制度设计和体制变革来降低和预防风险。最后，从重点领域的风险防范和控制着手，逐步展开实现体制机制的转型。从重点风险领域入手，既能及时有效地缓解当前的风险压力，又能逐步实现整个金融体系的体制机制改革和转型，从而实现金融系统的长期稳健和发展。

二　促进金融发展，稳定国际资本流动

随着金融国际化程度的加深，汇率和利率市场化改革的进一步推动，利率、汇率、国内市场资产价格以及国际资本流动之间的关系更加多变，也日趋复杂。短期国际资本的大进大出，将会加剧国内金融市场的不稳定性，增加国内金融市场的风险。短期国际资本流入可能会提升

国内金融市场的活跃程度，但热钱冲击可能破坏金融市场的正常秩序。而国际资本的流出，虽然可能稳定国内资产市场价格，但也不利于国内企业融资环境的改善。

根据前文的研究，这里提出稳定短期国际资本流动的相关建议。导致短期国际资本大人大出的根本原因还在于国内金融市场的不发达，金融发展程度不高。因此，促进金融发展，对资本账户实行动态管理才是解决问题的根本之道。第一，金融发展程度和金融摩擦是影响中国短期国际资本流动的重要因素。金融发展对稳定汇率和国内资产市场都具有积极影响，因此，在较长时期内我们应当坚持努力减少国内金融市场摩擦和提高金融发展程度。第二，相对于资本流动来说，金融摩擦更多的是直接作用于国内资产价格以及影响汇率等，因此，在制定政策时更应当结合政策目标来考虑。如果单纯为了稳定资本流动，那么，更合适的政策是稳定汇率和资产价格等直接影响资本流动的因素。但如果是为了稳定资产价格和汇率等一些基本指标，那么，促进金融发展、提升国内金融市场运行效率才是更合适的手段。

第十章

结论、不足与下一步研究的主要方向

　　本书由一系列既相互关联又相对独立的专题构成。这些专题同属于金融摩擦与宏观经济波动这一总的框架，但每个专题各自具有独立的研究主题。本书主要完成了以下七个方面的工作：（1）基于经典文献，简要梳理了金融摩擦发生的微观机制；（2）建立了一个简单的经济模型，考察不完备的信贷市场、流动性约束、异质资产定价和效率之间的关系；（3）构建了一个经济学模型，考察了对风险收益的异质信念、杠杆形成和杠杆周期之间的关系；（4）构建了一个博弈模型，在金融传染的背景下研究了金融网络的形成机制，并分析不同网络结构在面临流动性冲击时的表现；（5）在一个统一的框架下讨论了流动性约束对家庭消费与储蓄以及对宏观经济均衡的影响；（6）构建了一个金融摩擦与短期国际资本流动的 OLG 模型，并利用中国 2000 年 1 月至 2017 年 6 月的数据进行了实证研究；（7）结合主要研究内容和相关结论，对我国新时代金融发展提出了一些政策建议。因此，本书基本完成了金融摩擦的发生机制及其对资本资产定价、杠杆形成与周期、金融网络的形成与稳定性、消费与储蓄行为以及国际资本流动等短期宏观经济波动影响的研究。

　　接下来，分章节总结本书的主要结论，并基于主要研究内容和结论，提出研究中存在的不足和进一步研究的方向。

第一节　结论

本书首先基于主流文献，从四个方面总结和梳理关于金融摩擦、传递机制及其对宏观经济变量影响的相关文献，然后从金融摩擦产生的微观基础出发，到信贷市场的完备性与效率，异质信念与金融杠杆，网络结构与金融风险，再到金融摩擦与短期国际资本流动，逐步从微观基础过渡到宏观波动，从局部分析延展到全局分析，形成了一个相对完整的理论架构。接下来将总结本书第三章到第七章的主要研究结论。

一　关于金融摩擦的微观基础

基于 Tirole（2006）的研究，本书在一个相对统一的框架下，从非对称信息、异质性和金融中介三个角度，专门梳理了金融摩擦，尤其是信贷配给形成的微观机制。首先，在同质假定下，考察了道德风险和逆向选择在信贷配给中的作用。其次，在企业家净资产、私人收益和企业生产经营效率异质性的假定下，进一步深入讨论道德风险和逆向选择在信贷配给中的作用。再次，引入金融中介，讨论金融中介作为监督者在道德风险背景下的作用。最后，比较了贴息贷款和直接补贴两种政策对缓解信贷配给和增加投资总额的影响。

从微观角度来看，信贷配给本身就是一个均衡现象，并不完全是市场失灵的结果。只要存在信息不对称，道德风险和逆向选择就将导致信贷配给现象的出现。对于给定的项目投资需求、企业家私人收益和项目成功的概率分布，道德风险将导致净资产低于一定限额的企业家无法获得贷款，而逆向选择既可能导致过度投资，也可能导致信贷市场彻底关闭。

对于给定的项目投资需求，企业家净资产分布变化具有双重影响。一方面，如果企业家净资产分布恶化，则将导致一部分企业由于净资产低于获得融资的最低资本需求而被逐出市场，进而导致总投资下降；另一方面，对于未被逐出信贷市场的企业，由于资金缺口扩大，总的借款需求上升，使得均衡总投资上升。这两方面的影响共同决定信贷市场的均衡借款额和均衡利率。同样地，当企业家净资产分布改善时，尽管原来市场上的企业家借款需求降低，导致均衡投资额下降；但会有新的企业家进入信贷市场，导致均衡投资上升。这两方面的作用使得市场均衡的投资总额和均衡利率的变动方向不确定。但是就整个社会的效率而言，企业家净资产分布的恶化会降低整个经济的效率和福利水平，企业家净资产分布的改善会提升整个经济的效率和福利水平。

在企业生产经营效率信息不对称的条件下，外生利率的变化对信贷市场的冲击取决于企业家保留效用对企业盈利能力变化的敏感程度。如果企业家的保留效用对企业盈利能力不敏感，那么，正向的外生利率冲击能够不断改善贷款申请人的集合，使整个信贷和投资市场进入一个良性循环。但是如果企业家的保留效用对企业盈利能力敏感，则当企业盈利能力上升时，企业家要求的保留效用也大幅上升，正向的外生利率冲击将不断恶化贷款申请人的集合，使得信贷和投资市场陷入一个恶性循环，最终甚至可能导致信贷市场彻底崩溃。

银行这个中介机构的引入能否改善信贷市场，主要取决于两个方面的因素。第一，银行的监督成本。银行的监督成本过高，不利于资本市场。只有当银行的监督成本低于一定阈值时，企业家能够获得贷款的净资产需求门槛才会降低，使得更多的企业家能够获得贷款，投资具有营利性的项目。第二，银行的信贷供给。当银行信贷紧缩，即银行供给的信息资本总额下降，将会提高企业的贷款门槛和降低整个市场的投资总额。

二　关于不完备市场、流动性约束与效率

建立了一个简单的经济学模型，从预防性储蓄出发，讨论不完全信

贷市场、流动性约束和效率之间的关系。为了简化模型并探究流动性约束与效率之间的关系，没有将不确定性和借贷合约纳入模型。

在信贷市场不完备的条件下，财富分配会影响市场均衡的效率。如果具有良好投资机会的企业家拥有充分的禀赋，则信贷市场完备与否对整个经济的效率没有任何影响。因为企业家始终拥有足够的资金从投资者处按照不低于其边际转换率的价格购买资本品进行投资生产，从而使整个经济的资源配置达到最优状态。但如果企业家不具备足够的禀赋，而信贷市场又不完备，企业家不能通过抵押下一期的产出或者发行债券进行融资，那么，企业家就受到流动性约束，导致其面临优质项目时投资不足，使得整个经济的产出下降，资源配置无效率。

在给定禀赋的前提下，信贷市场完备与否是影响资源配置效率的关键因素。如果不能在事前交换契约，对生产或投资阶段的流动性约束进行投保，最终经济的资源配置就是低效率的。由于可以通过足额担保的借贷合约来消除不确定性的影响，因此，当信贷市场完备时，市场前景是否存在不确定性并不会对经济的产出和效率水平产生实质性影响。

信贷市场的不完备性，不仅会影响资产配置的效率，而且会影响资本品价格的波动，加剧金融市场的不稳定性和脆弱性。在本书构建的模型中，资产价格与投资额度正相关。当企业家禀赋较多、储蓄较多时，企业家能够购买更多的资本品，提高资本品均衡市场价格。但是当企业家禀赋不足、预防性储蓄较低时，企业家只能通过抛售资产来融资。此时，由于投资者对资本品估值较低，即由于异质性的估值结构，资本品的均衡市场价格较低。

三　关于异质信念、杠杆形成与周期

本书基于异质信念研究了金融杠杆的形成过程，结合 Fostel 和 Geanakoplos（2015）的研究，在二叉树经济模型中考察了事实违约与预期违约对资产价格和杠杆率的影响，并分析了杠杆周期过程。

在风险中性的假定下，不同类型交易者对未来经济状态和资产收益率预期的不同是形成杠杆的关键。如果经济中所有交易者对未来的预期是相同的，那么，经济中将很难形成杠杆。在模型背景下，均衡杠杆率与两类交易者对未来经济状态信念的概率分布函数的形状密切相关。如果乐观交易者相对于悲观交易者在好的情形时更加肥尾，即认为好的情形发生概率更大，则均衡中资产价格和杠杆率都更高；反之，则均衡中资产价格和杠杆率都更低。均衡杠杆率与两类交易者对未来经济状态信念的概率分布函数的整体均值差异密切相关。相对于悲观的交易者，乐观的交易者整体更加乐观，即预期未来资产收益率的均值与悲观交易者差异越大，则均衡中资产价格和杠杆率都越高；反之，则均衡中资产价格和杠杆率都越低。

根据 Fostel-Geanakoplos 广义不违约定理，在二叉树经济模型背景中，如果借贷合约是一期的，且由金融资产作为担保，则事实违约对均衡和均衡的资产价格和杠杆率没有实质影响，而比较重要的是对潜在违约的预期。

通过将模型扩展到三个时期，并引入信息冲击，呈现了杠杆的周期变化过程，发现在杠杆周期变化过程中，对未来的异质预期和消息扮演着关键角色。

在实证研究中，根据以往文献，利用资产负债表账面价值计算的杠杆看起来更合适，但由于本书模型还考虑到未来经济状态和交易对手的潜在违约情况，因此，从理论上来说，杠杆的度量方式还存在一定的争议。在对国内金融机构杠杆的实证研究中，很多文献发现，不论是国有商业银行还是非国有商业银行，都存在着显著的顺周期杠杆现象。

四　关于金融网络的形成与结构

网络化已经是金融系统的一个重要特征。金融网络在应对风险方面具有非常重要的作用。以银行系统为例，本书结合博弈论和社会网络的基本知识，基于规避破产风险是银行建立网络的基本动机构建了一个经济学模型，研究了银行网络的形成过程，并比较了不同网络结构在应对风险方面的能力。

对于一个金融系统，流动性冲击并不一定完全来自总量需求的变化。在总的流动性供给充足的时候，储蓄者偏好分布的不确定性也会产生很大的流动性冲击，威胁银行系统的稳定性。当缺乏耐心的储蓄者数量高于银行预期时，银行就可能遭遇流动性短缺的冲击。应对流动性冲击，一个重要的方法是进行银行间资产负债表关联，即通过银行间的相互拆借或者存款来分散流动性风险。但是并非所有银行都具有分散流动性风险的功能。只有遭受流动性冲击类型与相应银行不同的银行，才能起到分散风险的效果。如果两家银行遭受的流动性冲击类型相同，那么，这两家银行不能为彼此分担流动性风险。

在第六章模型背景下，银行网络的最优规模和网络结构取决于四个方面的因素：一是经济中总共存在的银行的个数，二是倒闭银行给与之关联的银行带来的损失大小，三是银行建立和维护网络的成本函数，四是银行降低长期储户的报酬率对银行信誉的影响。通过对比不同结构的银行网络系统发现，最优网络结构与遭受流动性冲击的大小密切相关。如果最初遭受的流动性冲击较小，不足以导致银行倒闭，则完备网络结构最有利于分担风险和控制损失。但是当最初的冲击较大，引起先遭到冲击的银行倒闭时，不完全连接网络结构更加有利于抵御风险，能够以牺牲部分银行为代价，使得与倒闭银行不相关联的银行不遭到损失。

五 关于金融摩擦与家庭消费

消费是宏观经济的一个重要变量，金融摩擦对家庭消费的直接影响就是通过借贷限制渠道对家庭预算形成流动性约束。流动性约束是宏观消费理论中一直比较有争议的议题。本书在一个统一的理论框架下，回顾了持久收入理论和预防性储蓄理论等经典消费理论，着重研究了流动性约束对家庭的消费与储蓄行为以及宏观均衡的影响，并简要梳理了相关实证经验文献。

在微观层面，不论是理论研究还是实证经验证据，都表明流动性约束确实存在，对家庭消费与储蓄行为具有重大影响。流动性约束使得家庭消费与当期收入紧密相关，受到约束的家庭边际消费倾向常常较大。对于受到约束的家庭，信贷限额变化对家庭的消费与储蓄行为具有重要影响。随着经济发展和家庭总财富水平上升，家庭流动性约束主要来源逐渐由财富总量的不足转向持有资产的性质和结构。当家庭持有的高流动性资产水平较低时更容易遭到流动性约束。作为低流动性资产的重要组成部分，住房常常具有较大的财富效应，但经验表明这种财富效应在中国并不显著。

在宏观层面，流动性约束不仅影响家庭的消费和储蓄行为，还会影响就业、资本供给与需求以及整个经济的实际利率和产出水平。短期内，金融冲击将使实际利率和产出迅速下降，下降幅度大于金融冲击的强度。受到流动性约束的家庭劳动供给增加，未受金融冲击的家庭劳动供给下降。长期内，收入的不确定性使得均衡实际利率低于消费者的时间偏好率，而流动性约束收紧又使得经济的实际利率进一步下降。如果流动性约束仅仅冲击消费，则长期均衡产出将上升，但如果消费和投资同时遭到流动性冲击，则长期内均衡产出可能下降。

六　关于金融股摩擦与国际资本流动

本书基于 Caballero（2006）的研究构建了一个关于金融摩擦与短期国际资本流动的 OLG 模型，分析了金融摩擦与短期国际资本流动之间的关系，并利用我国 2000 年 1 月至 2017 年 6 月的月度数据进行了实证研究。

根据模型推导，本书发现汇率、股票价格指数、金融摩擦以及利差等因素都可能影响短期国际资本流动，而且它们之间的关系是非线性的。

根据理论分析，本书采用 Markov 区制转移的向量自回归模型（MS-VAR）进行实证研究。研究发现，汇率变化和股票价格指数变化均对我国短期国际资本流动具有直接、显著的影响，但中美利差和金融摩擦程度对短期国际资本流动没有直接、显著的影响。经过进一步研究发现，金融摩擦程度对汇率变化和股票价格指数具有显著的直接影响。因此可以认为，金融摩擦对我国短期国际资本流动没有显著影响，但是通过影响汇率变化和股票价格指数，对短期国际资本流动具有间接的影响。

第二节　不足与下一步研究的主要方向

本书由一系列既相互关联又相对独立的文章构成。这些文章同属于金融摩擦与宏观经济波动的框架，但每篇文章各自拥有其独立的研究主题。本书撰写的初衷在于形成一系列研究金融摩擦和宏观经济波动的专题文章。但到目前为止，这个框架并不完善。金融摩擦实际上是从需求和供给两个层面来影响宏观经济。但由于时间和精力有限，本书实际上只完成了供给侧的金融摩擦研究，从结构上来讲还需要研究需求侧的金融摩擦，以及从一般均衡角度研究金融摩擦和连接。

接下来，按照章节和主题分别陈述研究的不足之处和下一步研究的主要方向。

第三章，关于金融摩擦微观基础的研究。这一章主要提供一些关于金融摩擦微观基础的知识，因此，这一章在很大程度上并没有追随前沿，主要内容来自 20 世纪八九十年代的经典文献。同时由于金融摩擦微观基础本身是一个非常广泛的话题，根据以往主流文献的研究，金融摩擦的微观基础主要包含三类：非对称信息、担保和承诺以及不完全契约与控制。该章为了保证行文的一致性和控制篇幅，主要介绍了由非对称信息引起的金融摩擦。对相对前沿的担保与承诺、不完全契约与控制两个主题相关的金融摩擦微观基础介绍得比较少。但是关于这两个主题的微观基础，本书在后续章节的专题内容中都有不同程度的涉及。

第四章，关于不完备市场、流动性约束与投资效率的研究，讨论了存在的不足和进一步研究的方向。尽管该章从预防性储蓄的角度考虑了不完备市场和流动性约束对投资效率的影响，但是仍然存在很多有待改进的地方。首先，该章的模型相对简单，并没有完整分析主流文献中常常包含的借贷契约部分，或者说该章关于经济主体间的信贷合约设计比较简单。因此，下一步的工作是完善该文的信贷市场部分模型，使该章成为一篇完整的高质量的文章。

第五章，关于异质信念、内生杠杆与周期的研究，讨论了存在的不足和进一步研究的方向。尽管该章相对完善地从异质信念角度系统地分析了杠杆的形成和周期过程，但仍然存在很多不足。首先，为了规避保险带来的复杂性，直接假定所有交易者都是风险中性的。然而，从很多经济事实和实践经验来看，风险偏好和耐心程度的差异都常常在杠杆的形成和周期过程中起着至关重要的作用。其次，从文章行文来讲，关于杠杆周期部分尚不够规范化和数理化。最后，该章的模型分为三段，但是三段模型定义和求解均衡的方式是不一样的。在讨论杠杆形成时，为了便于求解均衡，我们假定乐观交易者具有更强议价能力，求解的是一个委托代理均衡。而在论述 Fostel–Geanakoplos 广义不违约定理和杠杆周期过程的时候，由于前者注重一般性，而后者模型相对简单，采用假定借贷合约可以在完全竞争市场上出售而形成竞争均衡。因此，文章三个部分的均衡背后的假定是不一样的。尽管 Simsek（2013）已经在第二节类似背景下两个时期的模型中证明了两种均衡是相同的，但本书由于行文逻辑和时间的限制，没有验证在多期二叉树经济模型中两种均衡是否仍然等价。因此，进一步的研究主要包括三个方面：一是拓展模型的基本背景设置，考虑风险偏好等因素；二是进一步规范杠杆周期的分析；三是严谨地讨论债券市场竞争均衡与委托—代理均衡之间的关系。

第六章，关于网络结构、金融传染与系统风险的研究。尽管该章相对系统地分析了银行建立金融网络和选择网络结构的过程，但是仍然存在很多不足。该章为了集中分析金融网络形成和结构选择的机制，假定银行系统总的流动性供给充足，而流动性冲击主要来自流动性需求分布的不确定性。而在事实上，由于经济波动和国家货币政策等因素的影响，流动性总量冲击更加频繁。因此，我们下一步的研究方向将主要集中于流动性需求和供给的总量冲击。

第七章，关于流动性约束、居民消费与宏观均衡的研究。该章主要是一个经典文献梳理和理论验证的章节，在理论或经验研究上没有足够多的创新。目前关于该领域流动性约束的前沿研究集中于讨论家庭资产结构与性质的影响，但该章还停留在家庭财富总水平及信贷限制形成的流动性约束上，内容并不十分新颖。如果要严谨地考察家庭资产结构的影响，那么，需要建立异质性新凯恩斯模型才能分析流动性约束对宏观均衡的总体效应，但这在技术上是一个非常前沿和复杂的问题。此外，关于住房的财富效应在中外文献研究结论上差异很大，这可能与中国住房价格的形成机制及中外家庭持有住房资产的目的不同有关，但本书并未在这个问题上进一步深入讨论，这也是一个开放性的问题。

第八章，关于金融摩擦与国际资本流动的研究。尽管该章对金融摩擦与短期国际资本流动之间的关系做了相对系统的实证分析，但是至少仍然存在两个方面的不足。第一，计量模型和计量程序选择不恰当。分析长期宏观经济时间序列一个比较好的工具是灵活动态向量自回归模型（Mixture Innovations Time – Varying Parameter Structural Vector Autoregression Model with Stochastic Volatility，MI – SV – TVP – SVAR）。因为该模型同时具备很大的灵活度和样本节约度，既不对参数做出严格限定，能充分地让数据本身"说话"，也兼容结构性突变或者参数一次性变化较大的情形。但是由于作者技术能力的限制，暂时还未灵活掌握该方法，只能退而求其次，采用 MS – VAR 方法进行估计。第二，度量金融摩擦的指标选取并不合适。目前主流文献中，度量金融摩擦的指标不多，除了本书采用的贷存款比率，就是贷款占 GDP 的比重和一些学者构建的金融摩擦指数。其中前者月度 GDP 数据构造可能引入其他干扰因素，而后者时间段与本书不匹配。因此，更加严谨的计量研究至少还需要两个方面的工作：第一，换用更合理的计量模型；第二，选择更合适的金融摩擦度量，并进行稳健性检验。

关于金融摩擦、宏观经济波动和政策应对这个主题的研究，一个总的感想是，理论严重滞后于实践。一方面，整个经济学界，不论国内还是国外的经济学家，对该领域的研究都滞后于实践。最近一轮关于金融摩擦和宏观经济波动的研究兴起于 2010 年。金融危机结束之后，学者们对危机经验教训的总结和反思是引起这一轮研究高潮的原因。如果没有这次金融危机的惨痛教训，恐怕这轮研究的高潮将永远难以到来。另一方面，国内的研究十分匮乏，主要研究基本停留在实证方面。也就是说，国内基本还没有成熟的关于金融摩擦方面的理论研究。随着中国逐步进入高质量的发展阶段，金融市场的开放程度越来越高，金融市场的波动必然会越来越频繁，监管和调节难度越来越大。如果没有适合中国国情的理论支撑，中国政府在应对金融市场的突发事件或者系统风险时必然将捉襟见肘。如同 2016 年初实行的熔断机制，该政策仅仅实施一周就被废止。不仅没有达到政策制定的预期效果，反倒起了助跌的作用，加剧金融市场的不稳定性，甚至在社会舆论中产生非常不利的影响。因此，建立适合中国国情的金融理论体系既是当务之急，也是重中之重！希望广大经济学者不断努力，积极进取，建立和完善中国的金融和宏观经济理论研究框架，切实为解决实际问题提供有力指导，为新时代中国经济的转型和高质量发展提供有力支撑！

参考文献

巴曙松, 左伟, 朱元倩. 金融网络及传染对金融稳定的影响. 财经问题研究, 2013, (2): 3–11.

陈斌开, 李涛. 中国城镇居民家庭资产—负债现状与成因研究. 经济研究, 2011, (S1): 55–66+79.

陈昆亭, 周炎, & 黄晶. 利率冲击的周期与增长效应分析. 经济研究, 2015, (06), 59–73.

邓创, 徐曼. 中国的金融周期波动及其宏观经济效应的时变特征研究. 数量经济技术经济研究, 2014, (09): 75–91.

方意. 货币政策与房地产价格冲击下的银行风险承担分析. 世界经济, 2015, (07): 73–98.

方意. 宏观审慎政策有效性研究. 世界经济, 2016a, (08): 25–49.

方意. 系统性风险的传染渠道与度量研究——兼论宏观审慎政策实施. 管理世界, 2016b, (08): 32–57+187.

冯彩. 我国短期国际资本流动的影响因素——基于1994—2007年的实证研究. 财经科学, 2008, (06): 32–39.

龚刚, 徐文舸, 杨光. 债务视角下的经济危机. 经济研究, 2016, (06): 30–44.

郭光耀. 经济周期波动中的金融摩擦: 一个综述. 上海金融, 2012, (10): 21–25+116.

何诚颖,刘林,徐向阳.外汇市场干预、汇率变动与股票价格波动——基于投资者异质性的理论模型与实证研究.经济研究,2013,(10):29-42+97.

何德旭,苗文龙.国际金融市场波动溢出效应与动态相关性.数量经济技术经济研究,2015,(11):23-40.

何光辉,杨咸月,陈诗一.入世以来中国证券市场动态国际一体化研究.经济研究,2012,(10):82-96.

黄聪,贾彦东.金融网络视角下的宏观审慎管理——基于银行间支付结算数据的实证分析.金融研究,2010,(04):1-14.

黄志刚,郭桂霞.资本账户开放与利率市场化次序对宏观经济稳定性的影响.世界经济,2016,(09):3-27.

贾彦东.金融机构的系统重要性分析——金融网络中的系统风险衡量与成本分担.金融研究,2011,(10):17-33.

康立,龚六堂.金融摩擦、银行净资产与国际经济危机传导——基于多部门 DSGE 模型分析.经济研究,2014,(05):147-159.

李宏瑾,苏乃芳.货币理论与货币政策中的自然利率及其估算.世界经济,2016,(12):22-46.

李坤望,刘健.金融发展如何影响双边股权资本流动.世界经济,2012,(08):22-39.

李巍.金融发展、资本账户开放与金融不稳定——来自中国的证据.财经研究,2007,(3):41-52.

李巍.资本账户开放、金融发展和经济金融不稳定的国际经验分析.世界经济,2008,(11):34-43.

李扬,张晓晶,常欣.中国主权资产负债表及其风险评估(上).经济研究,2012a,(06):4-19.

李扬,张晓晶,常欣.中国主权资产负债表及其风险评估(下).经济研究,2012b,(07):4-21.

栗亮，刘元春．经济波动的变异与中国宏观经济政策框架的重构．管理世界，2014，（12）：38 – 50 + 187．

刘瑞兴．金融压力对中国实体经济冲击研究．数量经济技术经济研究，2015，（06）：147 – 160．

刘晓星，姚登宝．金融脱媒、资产价格与经济波动：基于 DNK – DSGE 模型分析．世界经济，2016，（06）：29 – 53．

吕光明，徐曼．中国的短期国际资本流动——基于月度 VAR 模型的三重动因解析．国际金融研究，2012，（04）：61 – 68．

马勇，陈雨露．金融杠杆、杠杆波动与经济增长．经济研究，2017，（06）：31 – 45．

彭兴韵，胡志浩，王剑锋．不完全信息中的信贷经济周期与货币政策理论．中国社会科学，2014，（09）：75 – 87．

佟家栋，余子良．系统性企业外部融资冲击与美国出口波动．世界经济，2013，36（08）：84 – 99．

童牧，何奕．复杂金融网络中的系统性风险与流动性救助——基于中国大额支付系统的研究．金融研究，2012，（09）：20 – 33．

汪莉．隐性存保、"顺周期"杠杆与银行风险承担．经济研究，2017，（10）：67 – 81．

王爱俭，王璟怡．宏观审慎政策效应及其与货币政策关系研究．经济研究，2014，（04）：17 – 31．

王国静，田国强．金融冲击和中国经济波动．经济研究，2014，（03）：20 – 34．

王擎，田娇．银行资本监管与系统性金融风险传递——基于 DSGE 模型的分析．中国社会科学，2016，（03）：99 – 122 + 206 – 207．

王义中，陈丽芳，宋敏．中国信贷供给周期的实际效果：基于公司层面的经验证据．经济研究，2015，（01）：52 – 66．

王义中，何帆．金融危机传导的资产负债表渠道．世界经济，2011，

（03）：51 – 71.

吴恒煜，胡锡亮，吕江林．金融摩擦的宏观经济效应研究进展．经济学
　　动态，2013，（07）：107 – 122.

吴丽华，傅广敏．人民币汇率、短期资本与股价互动．经济研究，
　　2014，（11）：72 – 86.

项后军，陈简豪，杨华．银行杠杆的顺周期行为与流动性关系问题研究．
　　数量经济技术经济研究，2015，（08）：57 – 72 + 148.

肖卫国，尹智超，陈宇．资本账户开放、资本流动与金融稳定——基于
　　宏观审慎的视角．世界经济研究，2016，（01）：28 – 38 + 135.

杨冬，张月红．人民币实际汇率、短期国际资本与资产价格——基于时
　　变参数向量自回归模型．国际贸易问题，2014，（07）：155 – 165.

张明．中国面临的短期国际资本流动：不同方法与口径的规模测算．世
　　界经济，2011，（02）：39 – 56.

张明，谭小芬．中国短期资本流动的主要驱动因素：2000～2012．世界
　　经济，2013，（11）：93 – 116.

张伟进，方振瑞．金融冲击与中国经济波动．南开经济研究，2012，
　　（05）：3 – 20.

赵进文，张敬思．人民币汇率、短期国际资本流动与股票价格——基于
　　汇改后数据的再检验．金融研究，2013，（01）：9 – 23.

赵文胜，张屹山，赵杨．人民币升值、热钱流入与房价的关系——基于
　　趋势性和波动性的研究．世界经济研究，2011，（05）：15 – 19 +
　　26 + 87.

周定根，杨晶晶．商业信用、质量信息传递与企业出口参与．管理世
　　界，2016，（07）：36 – 50.

周炎，陈昆亭．金融经济周期模型拟合中国经济的效果检验．管理世
　　界，2012，（06）：17 – 29 + 187.

周炎，黄晶，魏熙晔．金融经济周期理论新进展——首届中国金融经济

周期论坛综述. 经济研究, 2016, (01): 187 – 192.

朱孟楠, 刘林, 倪玉娟. 人民币汇率与我国房地产价格——基于 Markov 区制转换 VAR 模型的实证研究. 金融研究, 2011, (05): 58 – 71.

Abreu, D. , & Brunnermeier, M. K. (2003). Bubbles and Crashes. *Econometrica*, 71 (1), 173 – 204.

Acemoglu, D. , Carvalho, V. M. , Ozdaglar, A. , & Tahbaz – Salehi, A. (2012). The Network Origins of Aggregate Fluctuations. *Econometrica*, 80 (5), 1977 – 2016.

Acemoglu, D. , Ozdaglar, A. , & Tahbaz – Salehi, A. (2015). Systemic Risk and Stability in Financial Networks. *American Economic Review*, 105 (2), 564 – 608.

Adrian, T. , Colla, P. , & Song Shin, H. (2013). Which Financial Frictions? Parsing the Evidence from the Financial Crisis of 2007 to 2009. *NBER Macroeconomics Annual*, 27 (1), 159 – 214.

Adrian, T. , Moench, E. , & Shin, H. S. (2013). Leverage Asset Pricing. *Social Science Electronic Publishing*, 38 (5), 1211 – 1262.

Adrian, T. , & Shin, H. S. (2010). Liquidity and Leverage. *Journal of Financial Intermediation*, 19 (3), 418 – 437.

Adrian, T. , & Shin, H. S. (2014). Procyclical Leverage and Value – at – Risk. *The Review of Financial Studies*, 27 (2), 373 – 403. Retrieved from http://www. jstor. org/stable/24465361.

Aguiar, M. , & Gopinath, G. (2005). Fire – Sale Foreign Direct Investment and Liquidity Crises. *The Review of Economics and Statistics*, 87 (3), 439 – 452.

Aiyagari, S. R. (1994). Uninsured Idiosyncratic Risk and Aggregate Saving. *Quarterly Journal of Economics*, 109 (3), 659 – 684.

Aiyagari, S. R. (1995). Optimal Capital Income Taxation with Incomplete

Markets, Borrowing Constraints, and Constant Discounting. *Journal of Political Economy*, 103 (6), 1158 – 1175. Retrieved from http://www. jstor. org/stable/2138707.

Aladangady, A. (2017). Housing Wealth and Consumption: Evidence from Geographically – Linked Microdata. *The American Economic Review*, 107 (11), 3415 – 3446.

Allen, F. , & Gale, D. (1998). Optimal Financial Crises. *The Journal of Finance*, 53 (4), 1245 – 1284.

Allen, F. , & Gale, D. (2000). Financial Contagion. *Journal of Political Economy*, 108 (1), 1 – 33. Retrieved from http://dx. doi. org/10. 1086/262109.

Allen, F. , & Gale, D. (2004). Financial Intermediaries and Markets. *Econometrica*, 72 (4), 1023 – 1061. Retrieved from http://www. jstor. org/stable/3598778.

Anand, K. , Gai, P. , Kapadia, S. , Brennan, S. , & Willison, M. (2013). A Network Model of Financial System Resilience. *Journal of Economic Behavior & Organization*, 85, 219 – 235.

Ang, A. , Gorovyy, S. , & Van Inwegen, G. B. (2011). Hedge Fund Leverage. *Journal of Financial Economics*, 102 (1), 102 – 126.

Arezki, R. , Ramey, V. A. , & Sheng, L. (2016). News Shocks in Open Economies: Evidence from Giant Oil Discoveries. *Quarterly Journal of Economics*, 132 (1), 103 – 155.

Babus, A. (2016). The Formation of Financial Networks. *The RAND Journal of Economics*, 47 (2), 239 – 272.

Baglioni, A. , Beccalli, E. , Boitani, A. , & Monticini, A. (2013). Is the Leverage of European Banks Procyclical? *Empirical Economics*, 45 (3), 1251 – 1266.

Bakke, T. - E. , & Whited, T. M. (2010). Which Firms Follow the Market? An analysis of Corporate Investment Decisions. *The Review of Financial Studies*, 23 (5), 1941 – 1980.

Bala, V. , & Goyal, S. (2000). A Noncooperative Model of Network Formation. *Econometrica*, 68 (5), 1181 – 1229.

Bekaert, G. , & Harvey, C. R. (2000). Capital Flows and the Behavior of Emerging Market Equity Returns. In *Capital Flows and the Emerging Economies: Theory, Evidence, and Controversies* (pp. 159 – 194): University of Chicago Press.

Bernanke, B. , & Gertler, M. (1989). Agency Costs, Net Worth, and Business Fluctuations. *American Economic Review*, 79 (1), 14 – 31.

Bernanke, B. S. , Gertler, M. , & Gilchrist, S. (1999). The Financial Accelerator in a Quantitative Business Cycle Framework. *Handbook of Macro Economics*, 1, 1341 – 1393.

Bester, H. (1985). Screening vs. Rationing in Credit Markets with Imperfect Information. *The American Economic Review*, 75 (4), 850 – 855.

Bester, H. (1987). The Role of Collateral in Credit Markets with Imperfect Information. *European Economic Review*, 31 (4), 887 – 899.

Bloch, F. , & Jackson, M. O. (2007). The Formation of Networks with Transfers among Players. *Journal of Economic Theory*, 133 (1), 83 – 110.

Bolton, P. , Chen, H. , & Wang, N. (2011). A Unified Theory of Tobin's Q, Corporate Investment, Financing, and Risk Management. *Journal of Finance*, 66 (5), 1545 – 1578.

Boss, M. , Elsinger, H. , Summer, M. , & Thurner 4, S. (2004). Network Topology of the Interbank Market. *Quantitative Finance*, 4 (6), 677 – 684.

Brunnermeier, M. K. (2009). Deciphering the Liquidity and Credit Crunch 2007 – 2008. *Journal of Economic Perspectives*, 23 (1), 77 – 100.

Brunnermeier, M. K. , & Pedersen, L. H. (2009). Market Liquidity and Funding Liquidity. *The Review of Financial Studies*, 22 (6), 2201 - 2238. Retrieved from http://www. jstor. org/stable/30225714.

Brunnermeier, M. , Simsek, A. , & Xiong, W. (2011). *A Welfare Criterion for Models with Heterogeneous Beliefs.* Working Paper.

Brunnermeier, M. K. , Eisenbach, T. M. , & Sannikov, Y. (2012). Macroeconomics with Financial Frictions: A Survey. *Social Science Electronic Publishing.*

Brunnermeier, M. K. , & Sannikov, Y. (2014). A Macroeconomic Model with a Financial Sector. *The American Economic Review*, 104 (2), 379 - 421. Retrieved from http://www. jstor. org/stable/42920703.

Brunnermeier, M. , & Schnabel, I. (2015). *Bubbles and Central Banks: Historical Perspectives.* Manuscript.

Bryant, J. (1980). A Model of Reserves, Bank Runs, and Deposit Insurance. *Journal of Banking & Finance*, 4 (4), 335 - 344.

Caballero, R. J. , & Krishnamurthy, A. (2006). Bubbles and Capital Flow Volatility: Causes and Risk Management. *Journal of Monetary Economics*, 53 (1), 35 - 53.

Caballero, R. J. , Farhi, E. , & Gourinchas, P. - O. (2008). *Financial Crash, Commodity Prices and Global Imbalances.* Manuscript.

Caballero, R. J. , & Krishnamurthy, A. (2009). Global Imbalances and Financial Fragility. *American Economic Review*, 99 (2), 584 - 588.

Caballero, R. J. , & Simsek, A. L. P. (2013). Fire Sales in a Model of Complexity. *The Journal of Finance*, 68 (6), 2549 - 2587. Retrieved from http://www. jstor. org/stable/42002575.

Caballero, R. J. (2015). A Caricature (Model) of the World Economy. *Central Banking, Analysis, and Economic Policies Book Series*, 21, 61 - 77.

Caballero, R. J. , Farhi, E. , & Gourinchas, P. - O. (2017). The Safe Assets Shortage Conundrum. *The Journal of Economic Perspectives*, 31 (3), 29 - 45. Retrieved from http://www. jstor. org/stable/44321278.

Campbell, J. Y. , Cocco, J. F. , Jmoneco, J. , & Pseudopanel. (2007). How Do House Prices Affect Consumption? Evidence from Micro Data. *Journal of Monetary Economics*, 54 (3), 591 - 621.

Carlstrom, C. T. , & Fuerst, T. S. (1997). Agency Costs, Net Worth, and Business Fluctuations: A Computable General Equilibrium Analysis. *The American Economic Review*, 87 (5), 893 - 910.

Carroll, C. D. , & Summers, L. H. (1989). Consumption Growth Parallels Income Growth: Some New Evidence. NBER Chapters, in: National Saving and Economic Performance, pages 305 - 348 National Bureau of Economic Research, Inc.

Carroll, C. D. , Hall, R. E. , & Zeldes, S. P. (1992). The Buffer - Stock Theory of Saving: Some Macroeconomic Evidence. *Brookings Papers on Economic Activity*, 2, 61 - 156.

Carroll, C. D. (1997). Buffer - Stock Saving and the Life Cycle/Permanent Income Hypothesis. *The Quarterly Journal of Economics*, 112 (1), 1 - 55. Retrieved from http://www. jstor. org/stable/2951275.

Carroll, C. D. , Slacalek, J. , & Tokuoka, K. (2014). The Distribution of Wealth and the MPC: Implications of New European Data. *The American Economic Review*, 104 (5), 107 - 111.

Carvalho, V. M. , Martin, A. , & Ventura, J. (2012). Understanding Bubbly Episodes. *The American Economic Review*, 102 (3), 95 - 100.

Cecchetti, S. , & Kharroubi, E. (2012). *Reassessing the Impact of Finance on Growth*. Manuscript.

Christiano, L. , Ilut, C. L. , Motto, R. , & Rostagno, M. (2010). *Mone-*

tary Policy and Stock Market Booms. Manuscript.

Clarida, R. H. (1987). Consumption, Liquidity Constraints and Asset Accumulation in the Presence of Random Income Fluctuations. *International Economic Review*, 339 – 351.

Dabla – Norris, E. , & Srivisal, N. (2013). *Revisiting the Link Between Finance and Macroeconomic Volatility*. IMF Working Papers (13/29).

Dang, T. V. , Gorton, G. , & Holmström, B. (2010). Opacity and the Optimality of Debt for Liquidity Provision. Manuscript Yale University.

Dasgupta, B. (2004). Capital Accumulation in the Presence of Informal Credit Contracts: Does the Incentive Mechanism Work Better than Credit Rationing Under Asymmetric Information? *Computing in Economics and Finance*.

Deaton, A. (1991). Saving and Liquidity Constraints. *Econometrica*, 59 (5), 1221 – 1248.

Deaton, A. , & Laroque, G. (1992). On the Behaviour of Commodity Prices. *The Review of Economic Studies*, 59 (1), 1 – 23.

De Meza, D. , & Webb, D. C. (1987). Too Much Investment: A Problem of Asymmetric Information. *Quarterly Journal of Economics*, 102 (2), 281 – 292.

De Vries, C. G. (2005). The Simple Economics of Bank Fragility. *Journal of Banking and Finance*, 29 (4), 803 – 825.

Dewally, M. , & Shao, Y. (2013). Leverage, Wholesale Funding and National Risk Attitude. *Journal of International Financial Markets Institutions & Money*, 23 (2), 179 – 195.

Diamond, D. W. , & Dybvig, P. H. (1983). Bank Runs, Deposit Insurance, and Iiquidity. *Journal of Political Economy*, 91 (3), 401 – 419.

Diamond, D. W. (1984). Financial Intermediation and Delegated Monitoring. *The Review of Economic Studies*, 51 (3), 393 – 414.

Diamond, D. W., & Rajan, R. G. (2000). A Theory of Bank Capital. *The Journal of Finance*, 55 (6), 2431 – 2465.

Diamond, D. W., & Rajan, R. G. (2001). Liquidity Risk, Iiquidity Creation, and Financial Fragility: A Theory of Banking. *Journal of Political Economy*, 109 (2), 287 – 327.

Diamond, D. W., & Rajan, R. G. (2005). Liquidity Shortages and Banking Crises. *The Journal of Finance*, 60 (2), 615 – 647.

Diamond, D. W., & Rajan, R. G. (2006). Money in a Theory of Banking. *American Economic Review*, 96 (1), 30 – 53.

Dornbusch, R., Park, Y. C., & Claessens, S. (2000). Contagion: Understanding How It Spreads. *World Bank Research Observer*, 15 (2), 177 – 197.

Dutta, B., Ghosal, S., & Ray, D. (2005). Farsighted Network Formation. *Journal of Economic Theory*, 122 (2), 143 – 164.

Eisenberg, L., & Noe, T. H. (2001). Systemic Risk in Financial Systems. *Management Science*, 47 (2), 236 – 249. Retrieved from http://www. jstor. org/stable/2661572.

Elsinger, H., Lehar, A., & Summer, M. (2006). Risk Assessment for Banking Systems. *Management Science*, 52 (9), 1301 – 1314. Retrieved from http://www. jstor. org/stable/20110606

Farhi, E., Golosov, M., & Tsyvinski, A. (2009). A Theory of Liquidity and Regulation of Financial Intermediation. *The Review of Economic Studies*, 76 (3), 973 – 992.

Farhi, E., & Werning, I. (2016). A Theory of Macroprudential Policies in the Presence of Nominal Rigidities. *Econometrica*, 84 (5), 1645 – 1704.

Farhi, E., & Werning, I. (2017). Fiscal Unions. *American Economic Re-*

view, 107 （12）, 3788 – 3834.

Fisher, I. （1933）. The Debt – Deflation Theory of Great Depressions. *Econometrica*, 1 （4）, 337.

Fostel, A. , & Geanakoplos, J. （2015）. Leverage and Default in Binomial Economies: A Complete Characterization. *Econometrica*, 83 （6）, 2191 – 2229. Retrieved from http://www. jstor. org/stable/43866412.

Fratzscher, M. （2012）. Capital Flows, Push Versus Pull Factors and the Global Financial Crisis ☆. *Journal of International Economics*, 88 （2）, 341 – 356.

Freixas, X. , Parigi, B. M. , & Rochet, J. – C. （2000）. Systemic Risk, Interbank Relations, and Liquidity Provision by the Central Bank. *Journal of Money, Credit and Banking*, 611 – 638.

Friedman, M. （1957）. *A Theory of the Consumption Function.* Princeton University Press.

Fund, I. M. （2015）. *Global Financial Stability Report – Navigating Monetary Policy Challenges and Managing Risks （Washington, April* 2015）. Retrieved from International Monetary Fund.

Gai, P. , & Fisher, C. （2005）. Financial Stability, Monetary Stability and Public Policy. Bank of England Quarterly Bulletin.

Gale, D. , & Yorulmazer, T. （2013）. Liquidity Hoarding. *Theoretical Economics*, 8 （2）, 291 – 324.

Geanakoplos, J. , & Polemarchakis, H. （1986）. Existence, Regularity, and Constrained Suboptimality of Competitive Allocations When the Asset Market is Incomplete. *Uncertainty, Information and Communication: Essays in Honor of KJ Arrow* 3, 65 – 96.

Geanakoplos, J. （1997）. Promises, Promises. *The Economy as an Evolving Complex System II*, 27, 285.

Geanakoplos, J. (2003). *Liquidity, Default, and Crashes Endogenous Contracts in General.* Paper Presented at the Advances in Economics and Econometrics: Theory and Applications: Eighth World Congress.

Geanakoplos, J. (2010). The Leverage Cycle. *NBER Macroeconomics Annual*, 24 (1), 1 – 66.

Georg, C. – P. (2013). The Effect of the Interbank Network Structure on Contagion and Common Shocks. *Journal of Banking & Finance*, 37 (7), 2216 – 2228.

Gertler, M., & Kiyotaki, N. (2010). Financial Intermediation and Credit Policy in Business Cycle Analysis. *Handbook of Monetary Economics*, 3, 547 – 599.

Gertler, P. J., Levine, D. I., & Moretti, E. (2003). Do Microfinance Programs Help Families Insure Consumption against Illness. California Center for Population Research.

Ghosh, S., & Reitz, S. (2013). Capital Flows, Financial Asset Prices and Real Financial Market Exchange Rate: A Case Study for an Emerging Market, India. *Journal of Reviews on Global Economics*, 2, 158 – 171.

Giesecke, K., & Weber, S. (2004). Cyclical Correlations, Credit Contagion, and Portfolio Losses. *Journal of Banking & Finance*, 28 (12), 3009 – 3036.

Gilchrist, S., Sim, J. W., & Zakrajšek, E. (2014). *Uncertainty, Financial Frictions, and Investment Dynamics.* National Bureau of Economic Reserch.

Giordana, G., & Schumacher, I. (2013). What are the Bank – Specific and Macroeconomic Drivers of Banks' Leverage? Evidence from Luxembourg. *Empirical Economics*, 45 (2), 905 – 928.

Giraud, R., & Thomas, L. (2017). Ambiguity, Optimism, and Pessimism in

Adverse Selection Models. *Journal of Economic Theory*, 171, 64 – 100.

Goodfriend, M., & Mccallum, B. T. (2007). Banking and Interest Rates in Monetary Policy Analysis: A Quantitative Exploration. *Journal of Monetary Economics*, 54 (5), 1480 – 1507.

Gorton, G. B., & Pennacchi, G. G. (1990). Financial Intermediaries and Liquidity Creation. *Journal of Finance*, 45 (1), 49 – 71.

Greenwald, B. C., & Stiglitz, J. E. (1993). Financial Market Imperfections and Business Cycles. *The Quarterly Journal of Economics*, 108 (1), 77 – 114.

Gross, D. B., & Souleles, N. S. (2002). Do Liquidity Constraints and Interest Rates Matter for Consumer Behavior? Evidence from Credit Card Data. *Quarterly Journal of Economics*, 117 (1), 149 – 185.

Guerrieri, L., & Iacoviello, M. (2017). Collateral Constraints and Macroeconomic Asymmetries ☆. *Journal of Monetary Economics*.

Guerrieri, V., & Lorenzoni, G. (2017). Credit Crises, Precautionary Savings, and the Liquidity Trap. *Quarterly Journal of Economics*, 132 (3), 1427 – 1467.

Gurley, J. G., & Shaw, E. S. (1955). Financial Aspects of Economic Development. *The American Economic Review*, 45 (4), 515 – 538.

Hamrita, M. E., & Trifi, A. (2011). The Relationship between Interest Rate, Exchange Rate and Stock Price: A Wavelet Analysis. *International Journal of Economics & Financial Issues*, 1 (4), 220 – 228.

Hart, O. (1985). Monopolistic Competition in the Spirit of Chamberlin: A General Model. *The Review of Economic Studies*, 52 (4), 529 – 546.

Hart, O. (2001). Financial Contracting. *Journal of Economic Literature*, 39 (4), 1079 – 1100. Retrieved from http://www.jstor.org/stable/2698520.

Hart, O., & Zingales, L. (2014). *Banks Are Where the Liquidity Is*. National Bureu of Economic Research.

Hart, O. , & Zingales, L. （2015）. Liquidity and Inefficient Investment. *Journal of the European Economic Association*, 13 （5）, 737 – 769.

Hayashi, F. （1985）. Tests for Liquidity Constraints: A Critical Survey. National Bureau of Economic Research.

Hermalin, B. E. , & Katz, M. L. （1991）. Moral Hazard and Verifiability: The Effects of Renegotiation in Agency. *Econometrica*, 59 （6）, 1735 – 1753.

He, Z. , & Krishnamurthy, A. （2011）. A Model of Capital and Crises. *The Review of Economic Studies*, 79 （2）, 735 – 777.

He, Z. , & Krishnamurthy, A. （2013）. Intermediary Asset Pricing. *American Economic Review*, 103 （2）, 732 – 770.

He, Z. , & Krishnamurthy, A. （2014）. A Macroeconomic Framework for Quantifying Systemic Risk. National Bureau of Economic Research.

He, Z. , & Kondor, P. （2016）. Inefficient Investment Waves. *Econometrica*, 84 （2）, 735 – 780.

Holmström, B. , & Tirole, J. （1997）. Financial Intermediation, Loanable Funds, and the Real Sector. *The Quarterly Journal of Economics*, 112 （3）, 663 – 691. Retrieved from http://www. jstor. org. ny. vtrus. net/stable/2951252.

Holmström, B. , & Tirole, J. （1998）. Private and Public Supply of Liquidity. *Journal of Political Economy*, 106 （1）, 1 – 40.

Holmström, B. , & Tirole, J. （2011）. *Inside and Outside Liquidity*. MIT Press.

Innes, R. D. （1990）. Limited Liability and Incentive Contracting with Ex-ante Action Choices. *Journal of Economic Theory*, 52 （1）, 45 – 67.

Ivashina, V. , Scharfstein, D. S. , & Stein, J. C. （2015）. Dollar Funding and the Lending Behavior of Global Banks. *The Quarterly Journal of Economics*, 130 (3), 1241 – 1281.

Jaffee, D. M. , & Modigliani, F. (1969). A Theory and Test of Credit Rationing. *The American Economic Review*, 59 (5), 850 – 872.

Jaffee, D. M. , & Russell, T. (1976). Imperfect Information, Uncertainty, and Credit Rationing. *Quarterly Journal of Economics*, 90 (4), 651 – 666.

Jermann, U. , & Quadrini, V. (2012). Macroeconomic Effects of Financial Shocks. *American Economic Review*, 102 (1), 238 – 271.

Johnson, D. S. , Parker, J. A. , & Souleles, N. S. (2004). Household Expenditure and the Income Tax Rebates of 2001. *The American Economic Review*, 96 (5), 1589 – 1610.

Jullien, B. (2000). Participation Constraints in Adverse Selection Models. *Journal of Economic Theory*, 93 (1), 1 – 47.

Kaplan, G. , & Violante, G. L. (2014). A Model of the Consumption Response to Fiscal Stimulus Payments. *Econometrica*, 82 (4), 1199 – 1239.

Kapur, B. K. (2007). Capital Flows and Exchange Rate Volatility: Singapore's Experience. In *Capital Controls and Capital Flows in Emerging Economies: Policies, Practices and Consequences* (pp. 575 – 608). University of Chicago Press.

Keeton, W. (1979). *Equilibrium Credit Rationing*. New York: Garland Press.

Keynes, J. M. (1936). *The General Theory of Employment, Interest and Money*. Mac Millan Press.

Kim, S. , & Yang, D. Y. (2011). The Impact of Capital Inflows on Asset Prices in Emerging Asian Economies: Is Too Much Money Chasing Too Little Good? *Open Economies Review*, 22 (2), 293 – 315.

Kindleberger, C. (1978). *Manias, Panics, and Crashes*. New York, Basic

Books.

Kiyotaki, N. , & Moore, J. （1997）. Credit Cycles. *Journal of Political E-conomy*, 105 （2）, 211 – 248.

Kiyotaki, N. , & Moore, J. （2002）. Balance – Sheet Contagion. *The American Economic Review*, 92 （2）, 46 – 50. Retrieved from http://www. jstor. org/stable/3083375.

Kocherlakota, N. （2009）. Bursting Bubbles: Consequences and Cures. Unpublished Manuscript, Federal Reserve Bank of Minneapolis.

Korinek, A. , & Simsek, A. （2016）. Liquidity Trap and Excessive Leverage. *American Economic Review*, 106 （3）, 699 – 738.

Krishnamurthy, A. （2003）. Collateral Constraints and the Amplification Mechanism. *Journal of Economic Theory*, 111 （2）, 277 – 292.

Krugman, P. （2000）. Fire – sale FDI. In *Capital Flows and the Emerging Economies: Theory, Evidence, and Controversies* （pp. 43 – 58）. University of Chicago Press.

Lamont, O. （1997）. Cash Flow and Investment: Evidence from Internal Capital Markets. *The Journal of Finance*, 52 （1）, 83 – 109.

Laux, C. , & Rauter, T. （2016）. Procyclicality of US Bank Leverage. *Journal of Accounting Research*, 55 （2）, 237 – 273.

Leland, H. E. （1968）. Saving and Uncertainty: The Precautionary Demand for Saving. *The Quarterly Journal of Economics*, 82 （3）, 465 – 473.

Lorenzoni, G. （2008）. Inefficient Credit Booms. *The Review of Economic Studies*, 75 （3）, 809 – 833. Retrieved from http://www. jstor. org/stable/20185056.

Ludvigson, S. C. , & Ng, S. （2007）. The Empirical Risk – return Relation: A Factor Analysis Approach. *Journal of Financial Economics*, 83 （1）, 171 – 222.

Manganelli, S. , & Popov, A. (2015). Financial Development, Sectoral Reallocation, and Volatility: International Evidence. *Journal of International Economics*, 96 (2), 323 – 337.

Mankiw, N. G. (1986). The Equity Premium and the Concentration of Aggregate Shocks. *Journal of Financial Economics*, 17 (1), 211 – 219.

Martin, A. , & Ventura, J. (2016). Managing Credit Bubbles. *Journal of the European Economic Association*, 14 (3), 753 – 789.

Maskin, E. , & Tirole, J. (1990). The Principal – Agent Relationship with an Informed Principal: The Case of Private Values. *Econometrica*, 58 (2), 379 – 409.

Maskin, E. , & Tirole, J. (1992). The Principal – Agent Relationship with an Informed Principal, II: Common Values. *Econometrica*, 60 (1), 1 – 42.

Mendelson, H. , & Amihud, Y. (1982). Optimal Consumption Policy under Uncertain Income. *Management Science*, 28 (6), 683 – 697.

Mendoza, E. G. (2010). Sudden Stops, Financial Crises, and Leverage. *American Economic Review*, 100 (5), 1941 – 1966.

Mian, A. , Rao, K. , & Sufi, A. (2013). Household Balance Sheets, Consumption, and the Economic Slump. *Quarterly Journal of Economics*, 128 (4), 1687 – 1726.

Mian, A. , & Sufi, A. (2014). What Explains the 2007 – 2009 Drop in Employment? *Econometrica*, 82 (6), 2197 – 2223.

Milesi – Ferretti, G. – M. , & Tille, C. (2011). The Great Retrenchment: International Capital Flows during the Global Financial Crisis. *Economic Policy*, 26 (66), 289 – 346.

Miller, M. H. (1958). The Cost of Capital, Corporation Finance and the Theory of Investment. *The American Economic Review*, 48 (3), 261 – 297.

Minsky, H. P. (1957). Monetary Systems and Accelerator Models. *The A-merican Economic Review*, 47 (6), 860 – 883.

Modigliani, F., & Brumberg, R. (1954). Utility Analysis and the Con-sumption Function: An Interpretation of Cross – section Data. *Post – keynesian Economics*, 1, 338 – 436.

Moll, B. (2014). Productivity Losses from Financial Frictions: Can Self – Financing undo Capital Misallocation? *The American Economic Review*, 104 (10), 3186 – 3221.

Obstfeld, M. (1986). Capital Flows, the Current Account, and the Real Exchange Rate: Some Consequences of Stabilization and Liberalization. In *Economic Adjustment and Exchange Rates in Developing Countries* (pp. 201 – 232). University of Chicago Press.

Olaberría, E. (2014). Capital Inflows and Booms in Asset Prices: Evidence from a Panel of Countries. *Central Banking, Analysis, and Economic Policies Book Series*, 18, 255 – 290.

Parker, J. A., Souleles, N. S., Johnson, D. S., & Mcclelland, R. (2013). Consumer Spending and the Economic Stimulus Payments of 2008. *The American Economic Review*, 103 (6), 2530 – 2553.

Patinkin, D. (1956). Money, Interest, and Prices: An Integration of Mone-tary and Value Theory. *Southern Economic Journal*, 23 (2), 190.

Pulvino, T. C. (1998). Do Asset Fire Sales Exist? An Empirical Investiga-tion of Commercial Aircraft Transactions. *The Journal of Finance*, 53 (3), 939 – 978.

Reinhart, C. M., & Rogoff, K. S. (2010). Growth in a Time of Debt. *A-merican Economic Review*, 100 (2), 573 – 578.

Rioja, F., & †, N. V. (2004). Finance and the Sources of Growth at Various Stages of Economic Development. *Economic Inquiry*, 42 (1), 127 – 140.

Romer, D. (2012). *Advanced Macroeconomics* (4 ed.). McGraw – Hill.

Schumpeter, J. A. (1939). *Business Cycles: A Theoretical, Historical, and Statistical Analysis of the Capitalist Process.* McGraw – Hill.

Shen, C. H. , & Lee, C. C. (2006). Same Financial Development Yet Different Economic Growth: Why? *Journal of Money Credit & Banking*, 38 (7), 1907 – 1944.

Shleifer, A. , & Vishny, R. W. (1992). Liquidation Values and Debt Capacity: A Market Equilibrium Approach. *The Journal of Finance*, 47 (4), 1343 – 1366.

Shleifer, A. , & Vishny, R. (2011). Fire Sales in Finance and Macroeconomics. *The Journal of Economic Perspectives*, 25 (1), 29 – 48. Retrieved from http://www. jstor. org/stable/23049437.

Simsek, A. (2013). Belief Disagreements and Collateral Constraints. *Econometrica*, 81 (1), 1 – 53. Retrieved from http://www. jstor. org/stable/23357263.

Stein, J. C. (2003). Agency, Information and Corporate Investment. In *Handbook of the Economics of Finance* (Vol. 1, pp. 111 – 165). Elsevier.

Stein, J. C. (2012). Monetary Policy as Financial – Stability Regulation. *The Quarterly Journal of Economics*, 127 (1), 57 – 95. Retrieved from http://www. jstor. org/stable/41337206.

Stiglitz, J. E. , & Weiss, A. (1981). Credit Rationing in Markets with Imperfect Information. *The American Economic Review*, 71 (3), 393 – 410. Retrieved from http://www. jstor. org/stable/1802787.

Sy, M. , & Tabarraei, H. (2010). Capital Inflows and Exchange Rate in LDCs: The Dutch Disease Problem Revisited. Paris School of Economics Working Paper.

Tang, K. , & Zhu, H. （2016）. Commodities as Collateral. *The Review of Financial Studies*, 29 （8）, 2110 – 2160.

Tella, S. D. （2017）. Uncertainty Shocks and Balance Sheet Recessions. *Journal of Political Economy*, 125 （6）, 2038 – 2081.

Tirole, J. （1985）. Asset Bubbles and Overlapping Generations. *Econometrica. Journal of the Econometric Society*, 1499 – 1528.

Tirole, J. （2006）. *The Theory of Corporate Finance*: Princeton University Press.

Tobin, J. （1969）. A General Equilibrium Approach to Monetary Theory. *Journal of Money, Credit and Banking*, 1 （1）, 15 – 29.

Townsend, R. M. （1979）. Optimal Contracts and Competitive Markets with Costly State Verification. *Journal of Economic Theory*, 21 （2）, 265 – 293.

Upper, C. , & Worms, A. （2004）. Estimating Bilateral Exposures in the German Interbank Market: Is There a Danger of Contagion? *European Economic Review*, 48 （4）, 827 – 849.

Wagner, W. （2010）. Diversification at Financial Institutions and Systemic Crises. *Journal of Financial Intermediation*, 19 （3）, 373 – 386.

Wang, P. , Wen, Y. , & Xu, Z. （2017）. Two – way Capital Flows and Global Imbalances. *The Economic Journal*, 127 （599）, 229 – 269.

Zeldes, S. P. （1989）. Consumption and Liquidity Constraints: An Empirical Investigation. *Journal of Political Economy*, 97 （2）, 305 – 346.

图书在版编目（CIP）数据

金融摩擦与宏观经济波动：理论与政策分析／喻崇
武著． -- 北京：社会科学文献出版社，2019.10
ISBN 978 - 7 - 5201 - 5681 - 3

Ⅰ．①金… Ⅱ．①喻… Ⅲ．①财政政策 - 关系 - 经济
波动 - 研究 - 中国②货币政策 - 关系 - 经济波动 - 研究 -
中国 Ⅳ．①F812.0②F822.0

中国版本图书馆 CIP 数据核字（2019）第 222506 号

金融摩擦与宏观经济波动：理论与政策分析

著　　者／喻崇武

出 版 人／谢寿光
责任编辑／张　萍
文稿编辑／李婕婷

出　　版／社会科学文献出版社·当代世界出版分社（010）59367004
　　　　　　地址：北京市北三环中路甲 29 号院华龙大厦　邮编：100029
　　　　　　网址：www. ssap. com. cn
发　　行／市场营销中心（010）59367081　59367083
印　　装／三河市龙林印务有限公司

规　　格／开　本：787mm × 1092mm　1/16
　　　　　　印　张：13.25　字　数：181 千字
版　　次／2019 年 10 月第 1 版　2019 年 10 月第 1 次印刷
书　　号／ISBN 978 - 7 - 5201 - 5681 - 3
定　　价／98.00 元